Dorothea Nürnberg

In achtzehn Touren um die Welt

Ein literarischer ReiseVerführer

Für Erika und Michael

DOROTHEA
NÜRNBERG

In achtzehn Touren um die Welt

Ein literarischer
ReiseVerführer

Ibera

Illustration: Peter Atanasov

Die Deutsche Bibliothek – CIP-Einheitsaufnahme
Nürnberg, Dorothea:
In achtzehn Touren um die Welt – Ein literarischer ReiseVerführer:
Prosa / Nürnberg Dorothea.
– Wien: Ibera-Verl., 2001
ISBN 3-85052-119-2

Bild Schutzumschlag: Peter Atanasov
Portraitfoto: Claudia Prieler
Lektorat: Genia Gazda
Herstellung: Grafik & Buchdesign
Druck: Obersteirische Druckerei, Leoben
ISBN- 3-85052-119-2

Inhalt

Vorwort

Es ist eine Überfülle von Sinneseindrücken, die Dorothea Nürnberg in diesen 18 Touren aufgefangen hat und in ihrer ganz persönlichen Art nun der Leserin, dem Leser vermittelt. Das kann sie. Bilder vor dem inneren Auge erstehen zu lassen. Diese Bilder sind aber nicht nur schöne Oberfläche, es ist immer ein Untergrund, ein Hintergrund zu spüren. Sie paart naive Erlebnisfreude mit der Erfahrung unserer abendländischen Bildung. Sie fordert Begeisterung, Verwirrung, Entzückung. Ihr Überschwang reißt einen mit, man tut besser daran, sich mitnehmen zu lassen auf diese 18 Touren, als sich gegen ihre Vitalität zu wehren. Sie schreibt auch über Plätze und Städte, die viele von uns kennen, sie schafft es, einem viel zu oft schon Gelesenes, Beschriebenes neu und anders, eben auf ihre ganz persönliche Art zu zeigen.

Sie verführt literarisch, aber nach diesen Ausflügen kommt man zu den sinnlichen Genüssen zurück, zu Wein und Essen in Pousadas und Paradores, Lodges, Palast-Hotels und Bungalows.

Man folgt ihr – sich erinnernd – an die Orte, an denen man selbst schon gewesen ist, und dann auch weiter ins Unbekannte, weil man zuvor erkannt hat, daß sie trotz aller Phantasie auf dem Boden der Wirklichkeit bleibt.

Diese Welt zwischen Städten und Wüsten, Gärten, Parks und Sümpfen, Regenwäldern, Tempelklöstern, Inseln und Küsten ist eine bunte Welt. Dorothea Nürnberg sagt es aber auch, wenn das Paradies keines ist und was der Regenwald einem abfordert und sie weiß, wann es Zeit ist, die abendländische Kultur einfach zu vergessen, den Intellekt abzulegen, sich nur verführen zu lassen.

Konrad Holzer, ORF

Zum Geleit

Verführen will ich Sie, ja, gestatten Sie mir diesen vieldeutigen Ausdruck, verführen zu einer ausgedehnten Tour rund um den Planeten, zu einer Begegnung mit den vielfältigen Schönheiten unserer Welt. Zu intensiver Berührung mit fremden Menschen und Kontinenten. Zeitintensiv. Die Verführung, die Reise, die vor Ihnen liegende Weltumrundung, Welterkundung. 18 Monate, oder auch länger, viel länger, niemals lange genug, die Begegnung, Erforschung, Erkundung der unerschöpflichen Vielfalt unserer Welt.

18 Monate? – vernehme gefaßt das spitze Lachen Ihrer Empörung, wage ich doch in einer Zeit permanenten Zeitmangels Ihnen eine Zeitspanne von eineinhalb Jahren vorzuschlagen, wo doch Berühmtere als ich bereits vor über 100 Jahren in nur 80 Tagen die Welt umrundeten, wo Sie und ich am Beginn des 3. Jahrtausends mit kurzen technischen Zwischenstops die Welt problemlos in zwei bis drei Tagen, mit sogenannten Besichtigungsausflügen in zwei bis drei Wochen umrunden können. Könnten – wenngleich diese Form der „Weltbesichtigung" keinerlei Bezugspunkt zu der Ihnen vorliegenden Verführung aufzuweisen hätte. Aber vielleicht lieben Sie auch bei anderen Formen der Verführung eher die rasche Sachlichkeit als den ausgiebigen, Seele- und Sinne-erfreuenden, Bewußtseinserweiternden Genuß? Schätzen Sie nicht, die rasche Sachlichkeit, lassen Sie sich somit eben doch zur Zeit verführen, mit Zeit entführen, welche Sie sich zuvor allerdings nehmen müssen – Zeit – das mittlerweile kostbarste Gut in unserer Wirtschafts-Leistungs-Profit-Konsumgesellschaft. Wenngleich es nicht unbedingt 18 Monate in Folge sein müssen, haben Sie

doch ein Leben lang Zeit für die Weltbegegnung, die Erfahrung, das Lernen, Erleben des Lebens. Also lassen Sie sich ruhig Zeit und nehmen Sie sich Zeit – nächsten Mai nach Indien, irgendwann im europäischen Sommer auf die Seychellen, für den besonderen Anlaß in ein oder zwei Jahren in die Südsee, auf ein poetisch-ungeplantes herbstliches Wochenende in die Normandie, auf Seelenerkundungstour in die Wüste, auf Regenwaldbegegnung nach Amazonien (wobei sich bei zuletzt genanntem Reiseziel allerdings die Frage stellt, ob Sie sich wirklich Zeit lassen sollten für die Begegnung mit dem tropischen Regenwald, da die Profit-Konsum-Raubgesellschaft dem Regenwald möglicherweise nicht mehr viel Lebenszeit zugestehen wird). Gilt leider auch für viele andere Ziele auf diesem unserem wunderschönen Planeten. Sie sehen, ich muß mich noch vor Beginn unserer Weltumrundung widerrufen – denn in Wirklichkeit eilt es, in Wirklichkeit sind sehr viele der einzigartigen Landschaften in Afrika, Asien, Lateinamerika, Ozeanien, in die ich Sie entführen will, gefährdet, von Abholzung, Ausbeutung und Untergang bedroht. Sie haben also in Wirklichkeit keine Zeit zu verlieren, sollten sich sehr bald auf die Reise(n) begeben, sich den bedrohten und weniger bedrohten Schönheiten unseres Planeten widmen, um sich – nach Ihrer Rückkehr – mit doppelter Vehemenz und gestärktem Verantwortungsbewußtsein für deren Schutz, Erhaltung und Lebensrecht einzusetzen.

Habe damit begonnen, Ihnen von Verführung zu sprechen, und lande schon nach wenigen Sätzen bei den wenig verführerischen Aussichten einer allzu rasch anwachsenden Bedrohung für die (mittlerweile bereits endlich gewordene) Arten- und Landschaftsvielfalt unserer Heimat – Planet Erde – blaugrünes Juwel. Und doch, noch ist es nicht zu spät, noch gibt es die paradiesische Vollkommenheit, nicht nur tief verborgen in unseren Herzen, sondern auch um uns herum – wenngleich unsere Augen stumpf und unsere Ohren dumpf geworden sind angesichts der zahlreichen Zerstörungen von Schönheit und Leben in unserer nächsten Umgebung, in den entlegensten Teilen der Erde. Darum erlauben Sie mir auch, dieser betrüblichen Entwicklung ein wenig entgegenzusteuern, gemäß der mir zur Verfügung stehenden, bescheidenen, poetisch-berichtenden Mittel – aber dennoch, aus vielen Tropfen besteht der Ozean, gestatten Sie mir also, Tropfen zu sein im Ozean jener Liebe, die diesen Planeten trotz all der Bedrohung und Zerstörung noch immer zusammenhält.

Und da wir nun bereits bei der Liebe angelangt sind, können wir auch gleich zur Verführung weiterschreiten, wenngleich – ja, ich sollte es Ihnen an dieser Stelle besser gleich gestehen – in Wirklichkeit will gar nicht ich Sie verführen – nicht ich persönlich, vielmehr will das Reisen selbst, jener uns Menschen innewohnende Hang zu Aufbruch und Ausbruch, jene Lust am Wandelbaren und Lebendigen Sie durch mich hindurch verführen, für den Fall, daß Sie die Ihnen angeborene Freude an innerem und äußerem Nomadentum zu sehr ins Unwandelbare, Starre, Seßhafte haben abgleiten lassen. Jene Neugier, die herausfordert und wachhält, verhindert, daß wir allzu sehr in immer wiederkehrenden Handlungs- und Denkmustern erstarren, Gewohnheiten annehmen, denen Lebendigkeit und Beweglichkeit fehlt, kurz all jene unliebsamen Begleit- und Nebenerscheinungen eines wohlig eingerichteten, abgesicherten, vertrauten Lebensumfeldes.

Das Reisen will Sie verführen, ich leihe ihm bereitwillig meine Stimme, hat es doch schon oft meinen Hang zur Bequemlichkeit in den Wüstensand und über die Hochebenen der Anden geweht, meine Vorliebe für intellektuelle Lebensbewältigung in den Stromschnellen des Amazonas versenkt, mein mangelndes Vertrauen in die impulsiven Aktionen und Reaktionen meines Unter- und Überbewußtseins schonungslos mit unerwarteten Wüsten- und Dschungelerlebnissen überrollt.

Das Reisen, die Lust am Aufbruch, die Freude am Neuen, Unerforschten, Noch-zu-Entdeckenden. Der Reiz des Lernens und Beobachtens und Genießens und Verstehens. Lassen Sie sich von dieser in Ihrem Herzen wartenden Neugier verführen zu einer kleinen großen Tour rund um den Planeten, zu einer Weltreise der Begegnungen und Erfahrungen mit schillernden Farben und exotischen Düften, faszinierenden Menschen und fremdartigen Tieren und beeindruckenden Pflanzen – eine vielfältige, überwältigende Begegnung mit dem Leben. Nicht immer nur angenehm oder bequem – nein, oft auch von Strapazen und Unannehmlichkeiten begleitet, von kleinen und großen Unbequemlichkeiten auf diversen Wüstentouren, Dschungelwanderungen und tropischen Inselüberquerungen durchsetzt – machen doch auch diese Reisebegleiterscheinungen den Reiz des Unbekannten aus, jenes (notgedrungene) Überschreiten des Gewohnten, das Betreten neuen Terrains jenseits der selbstgesteckten inneren und äußeren Grenzen; jene Fülle der möglichen, durch das Reisen ermöglichten Erfahrungspotentiale; vom genußreichen Sonnenuntergangs-Spaziergang an der französischen Atlantikküste mit anschließendem Meeresfrüchtediner in *Etretat* bis zum regenreichen Hängemattenlager im Amazonasdschungel reicht der Bogen der Verführung, von der abstrakten Schönheit eines Teenachmittags in *Kyoto* bis zur waghalsigen Schlauchbootlandung in der Wellenbrandung der Seychellen-Vogelschutzinsel *Aride*.

Bleibt noch ein kleiner Hinweis in eigener Sache, sozusagen als Erklärung und Entschuldigung für die vielleicht etwas einseitig Sonnen-orientierte Umrundung des Planeten in ausgesucht farbigen Reisezielen, mit Vorliebe tropisch warm und bunt oder auch wüstenheiß und philosophisch Geist-durchweht. Die Arktis und Antarktis, Feuerland und Grönland, Spitzbergen und Island – sie scheinen nicht auf, werden nicht angesteuert auf dieser Ihnen vorliegenden Planetenumrundung, Weltenerkundung. Nicht, daß derartige Ziele weniger reizvoll, weniger beeindruckend, weniger lehrreich wären, nicht, daß mich sibirische Tundra oder schneebedeckte Gipfel der winterlichen *Rocky Mountains* nicht in ehrfurchtsvolles Staunen versetzten – dennoch komme ich nicht umhin, Ihnen zu gestehen, daß diese meine Form von Blickverengung in der Ihnen vorliegenden ReiseVerführung in meiner hoffnungslosen (hoffnungslosen?) und sehr persönlichen Vorliebe für die subtropischen und tropischen und Wüsten-Regionen unseres Planeten wurzelt; und auch die Verführung ist – so meine ich – mit größerer sinnlicher Freude verbunden, wenn ich Sie zu einer Begegnung unter Kokospalmen oder in stille Dünenschönheit entführe, anstatt eingemummt bis über beide Ohren mit Ihnen durch die Arktis stapfe. Soviel zu meiner Form der Ausgrenzung – zumindest für dieses Mal. Denn vielleicht fällt die nächste Planetenumrundung bereits ganz anders aus, vielleicht packt mich nach der Tropenlust schon bald die Sehnsucht nach glitzerndem Schnee und nordpolarem Meer und südpolaren Pinguinen?

Vielleicht begegnen wir einander auch wieder, irgendwo im Packeis oder auf einer Grönlandtour? Wer will es wissen, was ist schon planbar auf diesem faszinierenden, spannenden, wunderschönen Planeten?

Na dann los, auf geht's. Die Reise ruft, lassen wir sie nicht warten!

Italien

Latium

Umbrien

Ein Sonnengesang

– Nehmen Sie, ich habe viele, zu viele, nehmen Sie alle, *ricordo di Roma!* –

Meernasse, schlanke Frauenhände leeren gefächerte und spiralförmige Muscheln in sanftem Pompejirot und nassem Meeresblaugrau in Ihre trockenen Hände, winken, wenden sich wieder dem Meer, der langsam in den Wellen ertrinkenden Sonne zu.

„Erinnerungen an Rom" – in trockenen, soeben erst dem Flugzeug, dem Mietwagen entstiegenen Schuhen, die Finger vorsichtig um die Muscheln gefaltet, blicken Sie ihr nach, der Römerin, bereits wieder bis zur Hüfte im Meer versunken, die aufmerksame Muschelfängerin, die Ihre neugierigen Blicke aufgefangen, Ihre leeren Hände mit bunten Fächern und Spiralen gefüllt hat. Kaum angekommen in Italien, *Ostia, Lido di Roma*. Am Strand der Römer.

Sonntagnachmittag, Spätnachmittag. Lachende Gesichter, Meer-nasse Körper, nach Muscheln Ausschau haltende Mütter und Väter und Kinder und Verliebte und Nonnen, jung und alt, zwischen Muscheln und Meer, im Sand, am Strand. Römerstrand. Unweit der „Ewigen Stadt", *Rom,* eingestreut zwischen Pinien und alten Marmor, lärmende Straßen, bröckelnde Amtshäuser, Platanen-gedeckte Cafés, barocke *piazzas*, Stadtüberragende Kirchenkuppeln und Türme und …

Ostia. Am Rande der Stadt. Am Strand. Unweit des Flughafens. *Fiumicino.* Ausgangspunkt für Ihren/unseren gemeinsamen Reisebeginn.

Umbrien. Nicht Latium. *Assisi.* Nicht *Rom.* Noch nicht. Noch lange nicht.

Sie sind enttäuscht, träumen von engelhaften Burgen und antiken Säulen, von verstopften Straßen mit hupenden Autoverschlingungen vor kolossalen Bögen und Mauern und ... *Roma* – ja, ich sehe, Sie wollen hinein, ins Zentrum, nach *Rom* – dennoch verweilen wir – vorerst – in *Ostia,* am römischen Sonnenuntergangs-Strand, zwischen lachenden und gestikulierenden, streunenden und schmusenden, muschelsuchenden, Sonnenverliebten RömerInnen. Die Hände randvoll mit Muscheln gefüllt, gefächert und spiralig, meernaß und pompejirot und salzgraublau. Am *Lido di Roma.* Zwischenstation, Ausgangsstation für unseren Aufbruch nach *Assisi* – zwei abendliche Fahrtstunden von *Ostia* entfernt, das erste Ziel Ihrer/meiner Welten-erkundenden Reise, Welten-umrundenden Welterkundung.

Assisi – die kleine mittelalterliche Stadt im rauhen Umbrien, nicht so lieblich wie die Toskana, nicht so sanft wie Latium, eher herb und ursprünglich – dennoch Trägerin einer Botschaft, einer Haltung, einer Erfahrung, die am Beginn jeder Reise, jeder Begegnung mit fremden Kulturen, mit den vielfältigen Lebewesen dieses Planeten stehen könnte, sollte – die Botschaft des Friedens und der uneingeschränkten Schwesterlichkeit/Brüderlichkeit mit allen Wesen der Schöpfung – „Bruder Sonne" und „Schwester Mond" und „Bruder Wind" und „Schwester Wasser" und „Mutter Erde". Die große Botschaft eines kleinen Mannes, der seine Umgebung, seine Zeit, die Welt verändert hat, noch heute verändern kann; *Francesco,* Bruder der Menschen, der Tiere, der Pflanzen; der Mann mit dem großen Herzen, den erwachten Sinnen und Übersinnen. Er, von dem berichtet wird, er hätte die Sprache der Tiere verstanden, die Liebe Gottes in jedem Lebewesen erkannt, geachtet, erspürt.

In seiner Stadt wollen wir unsere Weltumrundung beginnen, dort, wo der „Sonnengesang", der „Cantico delle Creature", seinen Weg in die Welt nahm, das Liebeslied auf die Schöpfung, die Schönheit, die Einheit des Lebens. *Assisi* am Fuße des *Monte Subasio*, wieder auferstanden aus Staub und Trümmern nach dem schweren Erdbeben im September 1997.

Kalter Wind fegt über den *Monte Subasio*, durch die nächtliche *Via San Francesco*; über den klaren, dunklen Himmel jagt eine leuchtende Sternschnuppe, verglüht irgendwo hinter der Basilika im umbrischen Nachthorizont – während Sie mit Ihren Gedanken im warmen *Rom* hängengeblieben sind, während ich mich auf die Suche nach einem Nachtquartier begebe.

Assisi und die Verführung, umbrische Entführung angesichts der mächtig verführerischen, römischen Konkurrenz. Nein, keine Sorge, will Sie nicht gleich zu Beginn der Reise abschrecken mit scheinbar Lust-feindlichen Reiseansinnen; seien Sie beruhigt, versichert, daß Sie in der Ihnen vorliegenden ReiseVerführung noch sehr viel Lustvolles, möglichst Genußvolles lesen, erfahren, sehr lustbetont verreisen werden. Warum also nicht am Beginn unserer Tour eine außergewöhnliche Stadt aufsuchen, einen Ort, der über eine ungewöhnliche Erfahrungsqualität verfügt – falls man bereit ist, sich auf diese einzulassen, mögliche Vorurteile beiseite schiebt, die Sinne und Übersinne spitzt für die zahlreichen Antworten auf zahlreiche gestellte und ungestellte, bewußte und unbewußte Fragen, die sich Ihre Sinne und Ihre Seele hier recht einfach aus dem umbrischen Wind, der umbrischen Sonne pflücken können. Antworten, die sich auf der vor uns liegenden Weltumrundung möglicherweise als äußerst nützlich und wertvoll erweisen könnten, Anregungen, die die Lust und Freude an der vor uns, vor Ihnen liegenden Welterkundung mehren, unser Verständnis vertiefen, uns neue Erfahrungshorizonte erschließen können. Werden.

Die verführerische Begegnung mit einem Mann, der freiwillig allen äußeren Annehmlichkeiten entsagt hat und trotzdem – oder gerade deswegen? zur Freude des Lebens gefunden hat. Eine verführerische Erfahrung, die uns, die wir so sehr auf Sinnenreize und vielfältigste Erlebnisse und Eindrücke erpicht sind, einem Menschen begegnen läßt, der mit viel geringerem Aufwand möglicherweise zu viel gelungenerer Glücksentfaltung gelangt ist, als uns diese bei all unserem permanenten Glück- und Freude- und Genußstreben je zuteil wird.

Die verführerische Begegnung mit *Francesco*, verführerisch aufgrund seiner außergewöhnlichen Sensitivität, Sensibilität, die es ihm – die es uns – ermöglicht, die Schönheiten des Planeten, der uns umgebenden Natur, der neben uns, mit uns lebenden Pflanzen und Tiere tiefer zu erfassen, zu verstehen und in weiterer Folge besser zu schützen. Die Haltung seiner uneingeschränkten Schwesterlichkeit/Brüderlichkeit, die unsere Achtung mehren, vertiefen kann vor den fremden Kulturen, den faszinierenden Menschen, denen wir auf dieser unserer Welt-umrundenden, Kulturen-erkundenden Reise begegnen werden. Die verführerische Begegnung mit einer Stadt, die als internationales Symbol für den Frieden ein universelles Zeichen setzt – für den Frieden zwischen den Völkern und Religionen der Erde, für den Frieden zwischen Mensch und Natur, für den Respekt vor der Schöpfung und den achtsamen Umgang mit den Lebewesen dieses Planeten.

Soviel zur Erklärung der Verführung, Entführung in die umbrische Sonne – wenngleich Sie sehr bald ganz von selbst den Reizen der mittelalterlichen Stadt, den graurosa Steinhäusern und schmalen Gäßchen, den alten Steinbögen und mittelalterlichen Fassaden, dem Blick von der *Rocca Maggiore* über das weite Tal, die sanften Hügel, Felder und Sonnenblumen erliegen werden. Den in beeindruckenden *Giotto*-Fresken festgehaltenen Stationen aus *Francescos* Leben nachspüren, auf das Fresko der „Vogelpredigt" stoßen werden, das berühmte Zwiegespräch mit den Tauben – mit dem Wort „Predigt" etikettiert, wenngleich Sie sich durch belehrende Benennungen/-Verkennungen nicht verwirren lassen – denn wer weiß, wer will es wissen, vielleicht hat vielmehr *Francesco* selbst in den vielen Monaten stiller Kontemplation in den *Carceri* oder *San Damiano* so manche Wahrheit aus der Beobachtung der Vögel gezogen, als daß er diese in Predigten „belehren" zu müssen meinte; wenngleich natürlich die alles in Zu- und Unterordnung pressenden Biographen seines Lebens den Menschen als uneingeschränkten Herrscher über die Schöpfung verstanden – ganz im Sinne der auch heute noch unter Vertretern der westlichen Welt vorherrschenden Meinung – und nicht als Schwester und Bruder der anderen, diesen Planeten bevölkernden Lebewesen – ganz im Sinne *Francescos.*

Vögel. Werden wir noch öfters begegnen, den Vögeln, spielen eine zentrale Rolle in *Assisi.* Oder *Rivotorto,* einige Kilometer außerhalb der Stadt. Vögel, vorzugsweise Tauben. Weiß. Oder schwarz. In der gußeisernen Skulptur auf dem sonnigen Vorplatz der Kirche. In *Rivotorto.* Die Tauben, die aus *Francescos* weit geöffneten, liebeoffenen Armen der Sonne, dem Licht entgegenfliegen.

Tauben. In der *Eremo delle Carceri*, am *Monte Subasio*. Weiß. Weder gemalt noch kunstvoll gegossen, vielmehr sehr lebendig turtelnd und über alten Steinen gurrend – die Tauben in der Einsiedelei des *Francesco* – neugierig und sonnenverliebt die Besucher der schattigen Waldwege beobachtend, die Wanderer auf den Spuren eines Suchers, der gefunden hat. Weiße Tauben – auf den alten Dachziegeln der kleinen Kirche, in den offenen Steinfenstern der Einsiedelei, auf dem schmiedeeisernen Bogen über der alten Zisterne, über den dichten Wäldern an den Hängen des Einsiedler-Berges. Dessen stille Abgeschiedenheit Sie zu längerem Verweilen verführt. Der Berg. Und die einsamen Wege durch den üppig grünen, umbrischen Wald.

Bevor Sie zurückkehren ins Touristen- und Pilger-belebte *Assisi*, in einem Aussichtscafé mit Ausblick über das friedliche Tal den Abend mit einem Glas umbrischen Rotwein begrüßen, in einem mittelalterlichen Restaurant umbrische Pasta- und Fleisch-Spezialitäten genießen. Bei Ihrem nächtlichen Spaziergang über die gepflasterten alten Straßen der Stadt irgendwann in den Gäßchen am *Monte Cavallo* stranden, zwischen Ölbäumen und Geranien in Terrakottatöpfen auf einer kleinen Terrasse in einer Sackgasse landen; vor einem der rosagrauen mittelalterlichen Häuschen, vor zwei uralten roten Plastiksesseln, Terrassen-Ausblicksesseln – und ankommen, spätestens in diesem Augenblick angekommen sind in der kleinen, mittelalterlichen, zeitlos verführerischen, umbrischen Stadt.

Sonnengesang. In *San Damiano*. Entstehungsort des Weltenumrundenden Liebesliedes. Ein kleiner, Zypressen-bestandener Garten im Kloster der *Chiara*, Gefährtin *Francescos*. Zypressen. Und Ölbäume. Und Terrakottaschalen mit zahlreichen bunten Blüten. Und Schwalben, Schmetterlinge und Pfefferminzgeruch. In den Kräuter-durchwachsenen Ölgärten vor dem Kloster. Und Sonnenblumen. Auf den Feldern rund um die kleine Stadt.

Assisi – Ausgangspunkt für die Reise um die Welt. Vorerst Umbrien, vorerst *Gubbio,* die herbe, etwas unwirtliche, vom mächtigen *Palazzo dei Consoli*, schmucklosen Stadtpalast beherrschte mittelalterliche Stadt. Oder *Montefalco*, das Sie mit einem der schönsten Rundblicke über die Felder und Hügel und Berge Umbriens verwöhnt – von der Plattform des *Torre Comunale* aus, des alten Stadtturms auf dem „Falkenberg", hoch über den Wein- und Olivenhängen in den tiefblauen umbrischen Himmel sich reckend. Der Berg, die Stadt, der Turm.

Bliebe neben zahlreichen unerwähnten umbrischen Verführungen noch *Perugia* zu erwähnen, das einstmals mächtigste Zentrum im alten Etrurien, Etruskerland. Und natürlich die *Piazza 4 Novembre*, das lebendige Herz *Perugias,* der Nabel jeder italienischen Stadt; die *piazza,* gesellschaftlicher Treffpunkt, wo Sie in einem der zumeist zahlreichen Cafés einen Streifzug durch italienische Kaffeespezialitäten genießen, in italienisches Tagesgeschehen tauchen, den Menschen und Vögeln lauschen, in die Sonne träumen, Ihre Besichtigungs-Zeitpläne versäumen, die Sonne trinken, in wohligem Genuß versinken – auf der italienischen *piazza*, umrahmt vom mittelalterlichen Stadtpalast, dem Dom und der *Fontana Maggiore* – in *Perugia.* Universitätsstadt, umbrische Hauptstadt. Künstlerstadt, in der Sie irgendwann auf *Perugino* stoßen, in Kirchen und Gemäldesammlungen den sanften Farben und weichen Linien des mystisch-träumerischen Lehrmeisters *Raffaels* begegnen werden. Um irgendwann unter den hohen Bögen zwischen den turmhohen Häusern der *Via delle Volte* die mittelalterliche Schwere der massiven Gebäude zu verspüren, am

Rande eines alten Brunnens bereits langsam Ihre Sinne wieder nach *Rom* ausstrecken, auf dem Weg in den Süden zuvor die lieblichen Hügel rund um *Todi* entdecken. Irgendwo zwischen uralten Zypressen und noch älteren Ölbaumen in eine kleine Schotterstraße einbiegen, vor einem alten Landgut, Weingut haltmachen – den Verführungen einer umbrischen Weinverkostung erliegen. Herb. Jedoch nicht unfreundlich, die Begrüßung durch den alten Patron, herb, wenngleich sehr gastfreundlich, die alte Hausfrau, die Ihnen einen Platz an dem schweren Holztisch anbietet, Brot holt, herben Käse neben den entkorkten Wein, neben das offene Olivenöl stellt.

Weinverkostung. Umbrisch. Bis die Sonne sinkt, der Tag sich in den Abend neigt, die Gastgeberin den schweren umbrischen Kaninchenbraten aus dem Ofen holt, zuvor noch eine Speck- und Wurst-durchzogene Pasta serviert, der Wirt die Weinflaschen gegen Grappaflaschen wechselt, Sie irgendwann in eines der leerstehenden Gästezimmer geleitet, Sie am nächsten Morgen zu einem ausgiebigen Rundgang durch sein Weingut verleitet. Irgendwo zwischen den sanften Hängen rund um das kleine Städtchen *Todi* im weiten umbrischen Hügelland.

Abschied. Von Umbrien, Rückkehr nach Latium, weder *Ostia* noch *Lido,* weder Muscheln noch Sand.

Roma, endlich, die unvergleichliche, unausweichliche, unumgängliche Stadt. Mit den kolossalen Mauerresten und hupenden Autoverschlingungen und romantischen Hügelkuppen und Trans-tiberinischen Feinschmeckergenüssen. In *Trastevere.* Auf der *piazza* – vor der Kirche *Santa Maria in Trastevere.* Oder *Navona,* ebenfalls *piazza*, wenngleich nicht „jenseits", sondern „diesseits" des Tiber, wenngleich auch eher künstlerisch und intellektuell als kulinarisch – die Genüsse – in einem der zahlreichen, von Künstlern und Journalisten belebten Cafés vor dem *Vier-Ströme-Brunnen*, Bernini-Brunnen, Nil-Donau-Rio de la Plata-Ganges-Brunnen. Von Tauben umflattert. Wenngleich nicht weiß. Auch nicht der Sonne entgegenfliegend.

Roma; darf Sie nun den zahllosen Verführungen einer südeuropäischen Hauptstadt überlassen, mich auf den *Palatin* in die *Farnesischen Gärten* hoch über den Säulen, den Ruinen, den Häusern, den Dächern, den Kuppeln der Stadt zurückziehen, irgendwo zwischen ägyptischem Schilfgras und Orangenbäumen noch einmal die Gedanken nach *Assisi*, an den Ausgangspunkt unserer Weltumrundung lenken, zwischen Sonne und Wind noch einmal der Liebesstrophen, Sonnenstrophen *Francescos* gedenken – und unter Wind-rauschenden Orangenbäumen und Pinien dem Gesang des Brunnens lauschen, mich an den Sonnenfarben der üppig blühenden Wasserlilien berauschen.

Frankreich

Normandie

Paris

Ile-de-France

Von kunstvollen Genüssen und erlesenem Kunstgenuß

Sie suchen sinnliche Erfüllung nach Geist-erfüllter Entsagung, sind – nicht erst in *Rom* – der Verführung romanischer Lebenskunst erlegen, gedenken nun auch in Frankreich der Lebensfreude und Schönheit zu frönen – darf Sie daher willkommen heißen an der Küste der Normandie, *Pays de Caux*; Sie geleiten in ein altes Schlößchen unweit *Fécamp;* in weitläufigem Park zwischen mächtige alte Bäume geschmiegt. Das Schlößchen mit den wenigen, elegant-luxuriös ausgestatteten Gästezimmern, in denen Sie einige windrauschende Nächte verbringen. Nach Möglichkeit herbstlich. Die Nächte. Unweit der herbstlich Wellen-belebten Küste, von der Sie soeben Sturmverweht zurückkehren, sich vor dem offenen Kamin im Foyer auf einem alten Schloßstuhl niederlassen, Plüsch-gepolstert einen *Kir Royal* bestellen, in die Flammen blicken, am *Kir* nippen, die meernassen Bilder Ihres normannischen Küstentages vor Ihren inneren Sinnen vorbeiwogen lassen, beim Anblick der alten Schloßuhr den bedenklichen Zustand Ihrer zerzausten Erscheinung angesichts des in Kürze bevorstehenden Diners erfassen – als die schwere Holztür des Speisesaals sich soeben öffnet, Ihnen zerzaust und hungrig den Anblick auf erlesene Genüsse französischer Kochkunst eröffnet – *chèvre chaud* – heißer Ziegenkäse im Salatbett, Terrine aus feinster Gänseleber, *Lotte de mer* in Champagnersauce, unterlegt mit

Pommes dauphines, gefolgt von *Charlotte au chocolat* umhüllt mit *Crème fraiche* und Vanilleschaum; verfeinert von köstlichem Rotwein aus den Weinbergen der Familie *Saint-Exupéry* (eine nähere geographische Bestimmung, die nicht nur Ihr kulinarisches, sondern auch literarisches Empfinden in erhöhte Schwingung versetzt), weißem *Sancerre* zur *Lotte,* einem Gläschen *Champagner* zur *Charlotte,* schließlich noch ein kräftiger Schluck Café gefolgt von Cognac, Armagnac oder Grand Marnier ... von stilvollen, leicht zerzausten, alten Möbeln und matten, mattrosa Rosen auf edel gedeckten Tischen umgeben – und – und ich hoffe, Sie sind mir wohl gesonnen und schweben in höchsten Sinneswonnen.

En France, einem der besonders entgegenkommenden Ziele auf unserer gemeinsamen Reiseerkundung in Hinblick auf die von mir vorangekündigten Verführungen auf Ihrer/meiner Weltumrundung; kulinarische Hochgenüsse und intellektuell-literarische Geistergüsse und Kunst und Raffinesse und Raffinement und weltstädtisches Flair und sehr viel Meer und Farben und Licht – vor der Felsnadel, über der Felsnadel, zwischen Wolken und Meer, zwischen Sonne und Strand und – ja, jetzt, in eben diesem Augenblick – *Monet,* beinahe noch impressionistischer, eindrucksvoller, beeindruckender als das Bild. Das Original. In *Etretat.* Felsnadel, *Aiguille.* Kurz vor Sonnenuntergang. Der sanfte Wechsel, der plötzliche Sprung von silber-rosé auf schwarz und grau. Hinter dem Wolkenloch. Nein, davor, noch einmal, die Sonne durch das Nadelöhr, Felsenohr hindurch, an der schwarzen Wolke vorbei, durch den schwarzen, silber-rosé-grauen Felsen, den künstlichen Bogen, das Steintor hindurch – mitten hinein – ins Meer, auf den Sand, über den pastellfarbenen Strand. Die Sonne. Ein Gedicht; ins Bild geflossen, aus dem Bild zurück in die Wirklichkeit gebannt. Verwandt.

Pardon. Bin gesprungen, über die Atlantikwellen nach *Etretat* vorgedrungen. Dem Gang ins Pariser Museum – *Marmottan* – zuvorgekommen, das Original vor dem Bild gewonnen – das Licht über dem Meer, auf den Felsen von *Etretat*. Morgen-Mittag-Frühnachmittag-Spätnachmittag-Abendlicht-Variationen. Die impressionistische Sucht nach dem Licht. Nach der Sonne, die sich durch das Nadelöhr zwängt, von einer Wolke bedrängt abrutscht, ins Wolkenband huscht, das sich gerade zum Zeitpunkt der sonnigen Meeresberührung mächtig verdichtet, hoch aufgerichtet den Anblick vernichtet. Der Genuß sich unweigerlich verflüchtigt.

Etretat. Etwas weniger elegant, dafür sehr charmant, der vor Ihnen liegende Abend in Hinblick auf das hinter Ihnen liegende Schlößchen, wenngleich ähnlich zerzaust – Ihr Auftritt, Eintritt in das kleine Restaurant, Ihre Annäherung an den maritim gedeckten, Kerzen-beleuchteten Tisch.

Vorwiegend Fisch – die vor Ihren erwartungsvollen Lippen sich reihenden Speisen. *Soupe de poisson* mit *rouille,* Weißbrotcroutons und frisch geraspeltem Käse – die Sie auf die *Croutons* streichen, die orangerot-köstliche *rouille-* Knoblauchmayonnaise, welchen Sie auf die Mayonnaise streuen, den frisch geraspelten Käse, welches Sie schließlich in der Fischsuppe versenken, ertränken, das bestreut bestrichene Suppensandwich, um dieses vollgesoffen und suppengetränkt und *rouille-besprengt* zur Verzückung Ihres Gaumens aus der Suppe zu heben, Ihre sensitiven Geschmacksnerven zu beleben. Mit dem Fischsuppenbrötchen, dem mäßig milden Einstieg in sanften Meeresschnecken- und fruchtigen Krabben- und subtilen Austern-Genußanstieg, -aufstieg.

Umrundet, abgerundet, gekrönt von einer fruchtig-leichten *tarte au citron* oder *tarte aux fraises*, Zitronenschaum oder Erdbeerflaum. Auf dem Törtchen.

Weiß oder gelb oder rötlich. Das Licht über den Felsen. Am langen Strand. Über dem Sand. In *Trouville, Deauville* oder *Honfleur.*

Weiß-rot-grün-blau-gelb. Die gotischen Glasfenster, bunten *vitraux,* alten Kirchenfenster der Kathedrale in *Rouen.* Die Sie nicht versäumen, zu besuchen verabsäumen auf Ihrer Impressions-reichen Reise von der Küste der Normandie Richtung *Paris.* Zwischenstation *Giverny.* Vor den möglicherweise verschlossenen Toren des künstlerischen Gartens, impressionistischen Monet-Museums meine herbstliche Normandie/Paris/-Reiseempfehlung verdammen, welche Sie daran hindert, in den bereits geschlossenen, verblühenden Garten des malenden Licht-Poeten zu gelangen.

Oder aber Sie haben Glück, schlüpfen gerade noch hinein in den Blüten-rankenden Garten, hindurch durch matte Sonnenblumen und welkende Rhododendronbüsche und sattgrünen Bambus, werfen von der japanischen Brücke einen Laub-gelichteten Blick auf verblühte Seerosen und trauernde Weidenspitzen und herbstliche Ranken in sanftem Nachmittagslicht. Schatten-entdichtet. Das Licht. Impressionistische Naturgedicht.

In zahllosen Variationen im *Musée Marmottan*, der *Orangerie*, im *Musée d'Orsay* zu bestaunen, das impressionistische Lichtgedicht; oder aber auf den graublauen Dächern über den weißen *Quais* des blaugraugrünen Flusses unter dem meerblauen Himmel der grauweißblauen *Seine*-Stadt, Hauptstadt zu bewundern. Das Spiel mit dem Licht, Lichtspiel auf den breiten Avenuen, über den weitläufigen Plätzen, zwischen den Baum-reichen Boulevards. Unter einer Laub-gelichteten Platane im *Café de Flore* auf dem *Boulevard St. Germain* am *rive gauche*, linken *Seine*-Ufer, Ufer der Literaten und Studenten, Boulevard der Verlage und Buchhandlungen, Café der Schriftsteller und Künstler und Touristen, das *Café de Flore* auf dem

Boulevard St. Germain; in welchem Sie mit viel Geschick einen kleinen Tisch unter Laub-gelichteter, herbstlich sanfter Mittagssonne entdecken, besetzen; *salade aux confits de canard*, Ruccolasalat mit Enten-Confit, französischem Senfdressing, Olivenöl und *baguette* verzehren, sich ein weiteres Gläschen Rotwein gewähren. Unweit eines der verträumtesten der zahlreichen poetisch verträumten Gärten von *Paris – Jardin du Luxembourg* – den Sie nach ausgiebigem, wenngleich etwas beengtem, bedrängtem kulinarischen Genuß betreten, sich auf einem der weißen oder grünen Stühle rund um das Wasserbassin zwischen PariserInnen in die Sonne reihen, um dem Licht, impressionistisch und dicht, Ihre geteilte Aufmerksamkeit zu leihen. Vor dem Sprung, Ufersprung, Seitensprung, *Seine*-Uferwechsel. Von links nach rechts, aus dem *Quartier Latin* ins jüdische Viertel, über die *Place des Vosges* zum *Hotel Salé*, Zielrichtung *Picasso,* Museum. Ende der impressionistischen Lichtverführung. Beginn der ausgedehnten Picasso-Innen-Außenwelt-Entführung durch blaue und rosa Phasen, durch kubistische und „klassische" Perioden. Impressionistische Antipoden. Auf zahlreichen Skizzen und Skulpturen, Zeichnungen und Keramikstrukturen. Unweit der *Place des Vosges*, dem vielleicht harmonischsten unter den zahlreichen harmonisch ästhetischen Plätzen von *Paris* (um an dieser unpassenden Stelle nicht zu versäumen, der ländlich verträumten *Place de Furstemberg* in *Saint Germain* einen besonders ästhetischen Stellenwert einzuräumen).

Des Vosges, Arkaden, elegante *hôtels* – Pariser Stadtresidenzen, Restaurants, Antiquitätengeschäfte und die nicht nur ins Museum gebannte Erinnerung an *Victor Hugo*. Literat, wahrscheinlich bekanntester unter den zahlreichen bekannten, geachteten, bewunderten Autoren. In Frankreich. Land der Wortkunst, der differenzierten Dialoge, der intellektuellen

Sprachkultur, in dem die Vertreter der schreibenden Zunft einen ungleich höheren Stellenwert genießen als in anderen, vergleichbaren westlichen Ländern.

Womit wir das Thema gewechselt, uns von impressionistischen Lichtgedichten und kubistischen Keramikschichten der Wortkunst zugewandt hätten; Sie sich daher unerläßlich und unumgänglich einer der zahlreichen französischen Bühnen nähern, um sich an den sinnlich-intellektuellen Genüssen differenzierter Dialoge und geschliffener Kommunikation zu berauschen, in die Tiefendimensionen vielschichtiger Sprachvariationen zu tauchen.

Etwas überschwenglich, meine Wortwahl, könnten Sie meinen, haben Sie möglicherweise noch keine intime Nahbeziehung zur französischen Sprachkunst, elaborierten Sprachverwendung entwickelt, darf Sie daher möglichst rasch in eines der zahlreichen großen oder kleinen Theater entführen, Sie zur Vertiefung in französische Wortkunst in die *Comédie Française*, ins *Theatre de l'Europe*, ins *Theatre National de Chaillot* oder in eine der zahlreichen experimentierfreudigen Avantgardebühnen verführen.

Theater-Erfahrung in *Paris* – Sprachkunst, Wortkunst, Schauspielkunst. Emotions-verstärkt, durch die kreative Offenheit der Darsteller bestärkt – die literarische Bedeutung; weder bedroht noch verfremdet, verhöhnt noch verzerrt – die literarische Aussage durch die Vorliebe zum Experiment, zu kreativer Neugestaltung –

Genug der sprachverliebten Rede, wünschen Sie doch endlich meinen frankophilen Sprachexkurs zu wenden, den französischen Theaterexkurs mit einem nach Möglichkeit internationalen Theaterbesuch zu beenden.

Werde, kann, darf Ihrem Wunsch Genüge leisten, Sie in die *Bouffes du Nord* geleiten, zur faszinierenden Begegnung mit dem Theatermagier *Peter Brook* verleiten – weder frankophil noch unumgänglich französisch, vielmehr äußerst universell. Die Theatersprache des berühmten Regisseurs, dessen Suche nach unmittelbarem, direkt verständlichem Theater die Grenzen zwischen östlicher Weisheit und westlicher Philosophie durchbricht (im indischen Epos *Mahabharata* oder in *Shakespeare's Sturm);* der mit dem Rückgriff auf die Verständnisebene universeller Spiritualität, durch den Verzicht auf aufwendige Bühnenausstattung, mit dem Einsatz eines multinationalen Schauspielerteams die Voraussetzungen für grenzüberschreitende, unmittelbare Kunst geschaffen hat; in seiner anspruchsvollen Suche nach weltenvereinender Kommunikation – im Film, auf internationalen Bühnen, im Pariser Theater *Bouffes du Nord*, vor „ungeschminkter", mit Feuerschutzfarbe präparierter Brandschutzmauer inszenierend; nein, weder *Mahabharata* noch *Shakespeare,* pardon, muß Sie vorläufig enttäuschen, habe mit *Shakespeare* noch andere Pläne, ganz andere Pläne, später, viel später. Ganz spät. Daher vorerst afrikanisch – das Bühnenstück, Ihre Theatererfahrung, die somit weniger auf elaborierter französischer Sprachkunst aufbauen, sondern vielmehr das Ihnen eigene, universelle, entbabylonisierte Sprachverständnis freilegen wird. In den *Bouffes du Nord.* Afrika in *Paris.* Mit anschließendem Stimmungswechsel. Szenenwechsel. Uferwechsel. Je nach Wahl Ihrer Tour durch die Pariser Nachtschwärmer-Szene. Welche Sie möglicherweise in den Bars östlich der *Bastille* beginnen, in den Jazzclubs der *Halles* oder im *Quartier Latin* mit einer musikalischen, ebenfalls unmittelbaren Reise durch Afrika verbinden, im Herzen von *Paris* einen Ausflug in den Senegal mit *Touré Kunda* oder nach Kamerun mit *Manu Dibango* unternehmen, ins beschwingte Leben der Antillen springen, mit der Gruppe *Kassav* aus *Guadeloupe* karibisches Hochgefühl im *Disco-Zouk* erklimmen. Irgendwann beschließen, nicht nur Ufer, sondern auch Kontinente zu wechseln, aus Afrika in die *Rue Mouffetard* nach Brasilien zu *Samba* und *Bossa Nova* reisen, *Caipirinha* und Mangospalten verspeisen … bis die Nacht ergraut und der Morgen errötet und der Tag beginnt und der Morgen verrinnt und der Mittag naht …

Und Sie beinahe schon wieder Paris-süchtig zum Frühstück eilen, erstaunt vor verschlossenen Türen verweilen, mit Befremden zur Kenntnis nehmen, daß man Ihnen nach 10 Uhr vormittag das Hotelfrühstück verweigert, obwohl sich Pariser „Nachtschwärmen" frühestens ab 2 Uhr morgens ereignet; Sie daher aus dem linken oder rechten Ufer der Stadt auf die neutrale Insel, *Ile-Saint-Louis* überwechseln, im *Café-de-Flore-en-Ile* mit Blick auf die *Seine Croissants* nach französischer Art mit *Café au lait* begießen, Schokoladebrötchen zu Mozartklängen genießen.

Ile-Saint-Louis. Beinahe schon wieder impressionistisch. Der Blick auf die *Quais* unter den Laub-gelichteten Platanen, der Weg über die Brücke zurück ans Ufer, rechts, ins *Centre Pompidou* – schon lange nicht mehr avantgardistisch – wenngleich noch immer phantastisch und surrealistisch, die durch den *Strawinsky-Brunnen* wogenden Gestalten von *Niki de Saint Phalle* und *Jean Tinguely* – vor den bunt lackierten, nach außen verlegten Versorgungsrohren der längst nicht mehr umstrittenen „Kunstfabrik". *Centre. Pompidou.*

Kunst. In *Paris*. Zumeist äußerst originell. Konventionell und experimentell; die schwarz-weiß gestreiften Säulenstümpfe von *Daniel Buren* im Innenhof des *Palais Royal,* die Glaspyramide im *Louvre,* die Verlängerung der alten Achse *Concorde–Arc de Triomphe* nach *La Défense*. Die beeindruckende Skulptur, der in sanfter Steinhand geborgene Steinkopf vor der alten Kirche *St. Eustache*.

Paris und die Lust am Experiment. Zuweilen auch Monument. In *La Villette* oder *La Défense*, im *Louvre* oder der *Bibliothèque Nationale de France François Mitterand.*

Welche natürlich im Land der Literaten und Wortverehrer Zeugnis geben muß von der monumentalen Wort-Bedeutung. Die französische Nationalbibliothek. Welche aufgrund ihrer besonderen Gewogenheit für die Vertreter der Wortkunst stets auch von zahlreichen nicht-französischen Autoren zur geistigen Heimat erwählt wurde. Die Stadt der zahlreichen Literaturpreise und anspruchsvollen Verlage, welche sich auch der internationalen Vielfalt französischsprachiger Literatur aus dem *Maghreb,* aus Schwarzafrika, den Antillen, Lateinamerika oder Osteuropa verschreiben. Verschrieben haben.

Schreibend. In *Paris*. Und die mehrfach sich verflechtende Verführung von Literatur und Bildender Kunst. Zum Beispiel in der *Rue de Varenne*. *Rodin*-Museum. *Rilke*-Gedenkstätte. *Rainer Maria*. Privatsekretär des Künstlers. Um unsere Aufmerksamkeit von französischer Wortkunst ab und dem deutschen Kunstwort zuzuwenden. Und dem Skulpturengarten im Zentrum der Großstadt unter sanftblauem Himmel mit kleinen weißen Wolkentupfen; Tupfenwolken über den „Bürgern von Calais", dem „Höllentor" aus *Dantes* „Inferno", dem berühmten „Denker", dem nicht minder berühmten „Kuß". *Rodin* – und *Rilke*. Und der impressionistische Wort-Kunst-Beginn in der „Weise von Liebe und Tod des Cornets Christoph Rilke" und der sprachkünstlerische Wort-Kunst-Höhepunkt in den „Neuen Gedichten", die Sie nun in zweisprachiger Ausgabe in einer der großen Buchhandlungen am *Boulevard St. Germain* erstehen, endlich mit einem Buch versehen die Pariser Grundanpassung bestehen – l e s e n d – in der Metro, im Café, im Park, auf den nun Sie ereilenden Schnellbahn- und Bahnfahrten durch die Schlösser- und Wälder- und Kunstschätzereiche Umgebung von *Paris* – nach *Versailles* oder *Saint-Dénis,* in den Wald von *Fontainebleau* oder nach *Barbizon*, ehemaliges Künstlerdorf, Treffpunkt der Pariser Maler, die entgegen den Vorgaben der offiziellen Kunst ihr künstlerisches Schaffen in die freie Natur verlegten, mit ihrer Landschaftskunst die Gemüter der Anhänger der monumentalen Salon- und Historienmalerei bewegten, provozierten, Mitte des 19. Jahrhunderts.

Und da Sie nun bereits wieder die *Ile-de-France* bereisen, in neu entfachter, leidenschaftlich wacher Leselust an sanfter Landschaft und berühmten Schlössern und ebenso gerühmten Wäldern vorbeireisen, da sollten, könnten Sie zum Abschluß Ihrer/meiner französischen Reiseverführung eine literarisch-botanische Lese-Unterbrechung in *Chatenay-Malabry* einplanen – einen romantischen Einblick in einen literarischen Park anbahnen; Ihre Lesesucht mehren vor den literarisch-inspirierten Zedern und inspirierenden Eichen eines der zahlreichen anerkannten, geachteten, bewunderten Vertreter der französischen Wortkunst – Schriftsteller, Reisender, Naturliebhaber – *François René de Chateaubriand.* Eine Lese-Leidenschaft-Vertiefung, Reiseunterbrechung in einem Dichterrefugium fernab der Verführungen, der von Dicht- und Schreib- und Leselust ablenkenden Verlockungen der Hauptstadt; vor sonnengelbem Haus mit graublauem Dach, eingebettet in den weitläufigen Park mit besagten, beschriebenen literarischen Eichen und Zedern, Zypressen und Magnolien; *la maison de*

Chateaubriand, Hauts de Seine, *Vallée aux Loups*, im „Tal der Wölfe“ – Ihre kurze Leseunterbrechung, literarische Leidenschafts-Vertiefung in der stillen Welt eines unruhigen Dichters, der die Erinnerung an seine ausgedehnten Reisen nach Nordamerika, in den Orient, nach Ägypten und Jerusalem, seine Sehnsucht nach unverfälschter Natur in den Bäumen seines Anwesens festhielt – in den Zedern aus dem Libanon, den Zypressen aus *Virginia,* dem Schilfgras aus Ägypten; ein Dichter, der seine Träume in Bäumen, seine Bäume in seinen Werken verewigt hat: „Ich hänge sehr an meinen Bäumen, ich habe ihnen Sonette, Oden, Elegien gewidmet, ich kenne sie alle mit Namen, wie meine Kinder – sie sind meine Familie …“ (*Mémoires d'outre tombe*).

Darf Sie noch kurz begleiten, geleiten in die Schreibstube des Dichters, an den alten Schreibtisch vor den holzgetäfelten Wänden mit den zahlreichen Büchern über dem offenen Kamin – um mich angesichts dieser literarischen Idylle von Ihnen zu verabschieden, mich zurückzuziehen, abzuwenden von den literarisch-künstlerisch-genußvollen Verführungen Frankreichs, weiterzureisen aus dem üppigen Grün der *Ile-de-France* in die kargen Hochebenen Kastiliens, von *Chateaubriand* zu *Cervantes,* von gelebten Träumen zu den geträumten Wirklichkeiten eines alten unsterblichen Ritters.

Doch halt – keine Vorwegnahmen – noch sind Sie in Frankreich – noch lesen, leben, erleben Sie Ihre Träume, schweben, schwelgen Sie in Genuß!

Spanien

Castilla La Mancha

Castilla y Leon

Der Blick über die Grenze

Sie haben sich in Spanien eingefunden, sind doch nicht gar zu Fuß aus Frankreich kommend über den alten Pilgerweg, Jakobsweg nach *Santiago de Compostela* gewandert? Sind Sie nicht, dachte ich mir doch, dennoch sind Sie zu weit nördlich, flanieren gelassen am galizischen Strand, den kühlen Meerwind im Haar, während ich in der Mittagshitze der *Mancha* Ihrer harre, zu neuerlicher Entführung. Verführung ins strenge spanische Herzland, Kernland, Burgen-Felsen-Windmühlenland.

Darf Sie hiermit einladen, zu mir zu stoßen, sich ebenfalls der kastilischen Sonne auszusetzen, die mir in Kürze das Hirn verbrennt (wie schon so manch' anderem vor mir auch – werden wir gleich näher beleuchten), und mich auf meinem Weg durch die *Meseta* zu begleiten. Geleiten.

La Mancha – Hitze flirrt über ockerfarbenem Stein, ein Adler kreist über dem ockerfarbenen Fels der ockerfarbenen alten maurischen Burg, aus dem wolkenlosen Himmel brennt die weiße Sonne auf weiße Windmühlen, auf den heißen Stein, auf mein in der Hitze wartendes Haupt, auf den heißen Stein, auf Ihr vor kurzem noch Meerwind-durchwehtes Haar, auf die weißen Windmühlen, mächtigen Windmühlenflügel, die ein böiger Wind bewegt, verdreht – die mächtigen Flügel unter der weißen flirrenden Sonne – Windmühlenflügel – Sonnenflügel – Flügelwindmühlen – Riesenflügel – Flügelriesen –

Arme der Riesen – Riesenarme – weiße Sonne auf weißen Windmühlen in der weißen Mittagshitze; Sie haben sie also auch erkannt, die unverkennbaren, mächtigen, unbesiegbaren Gegner des *Hidalgo Don Quijote*, des fahrenden Ritters von der traurigen Gestalt. Lassen Sie sie laufen, die Riesen, nein, nehmen Sie den Kampf nicht auf, nicht diesen, Ihrer harren doch andere Kämpfe, ganz andere Kämpfe, ganz andere Windmühlen, jetzt, im neuen Jahrtausend; wenngleich das Prinzip, die Idee?

Die Idee. Provinz *Toledo, La Mancha*, mäßig weit entfernt von *El Toboso,* dem kleinen weißen Städtchen, das der große spanische Dichter zum Heimatdorf der *Dulcinea,* dem Bauernmädchen, der fiktiven Edeldame des fahrenden Ritters erkoren hat. Spanien – abseits der überlaufenen Strände und Hotelburgen, der Appartmenthäuser und Touristenzentren. Spanisches Kernland – abweisend und karg und hitzeflirrend und archaisch. Beeindruckend und erhaben – erhoben, die weite leere Hochebene unter dem weiten leeren Himmel. Der äußere Schauplatz des unvergänglichen Kampfes zwischen den Gesetzen der Schwerkraft und der Triebkraft idealistischer Träume.

„Wohl können Zauberer mir das Abenteuer nehmen, aber keineswegs den Tatendrang und den Mut.“

Bekennt *Don Quijote*, läßt *Cervantes Don Quijote* bekennen, läßt die bis heute erhaltene Lebendigkeit des Begriffes *quijotismo* in Spanien darauf schließen, daß *Cervantes'* indirekter Aufruf zum unermüdlichen Kampf für die als gerecht und wahr erkannten Ideale trotz der Gefahr des Scheiterns, der Lächerlichkeit, des Irrtums und der Niederlage nachklingt, nachwirkt – vielleicht sogar hineinwirkt in die Welt eines *Pedro Almodóvar*, spanischer Kultregisseur, dessen Antihelden einer lebens- und liebefeindlichen Realität zum Trotz an ihrem unpathetischen Bekenntnis zur Nächstenliebe festhalten.

La Mancha – Castilla – Land der Burgen und unerschütterlichen Vorsätze unter *Velázquez*-Himmel, *El-Greco*-Himmel.

Der spanische Wille zum unbeugsamen Willen – wenngleich Ihnen meine soeben anhebende, philosophisch angehauchte Deutung kastilischer Impressionen möglicherweise verschroben erscheinen könnte; philosophisch in Hinblick auf die „Liebe zur Wahrheit", der meinen Empfindungen innewohnenden Wahrheit, welche mir angesichts der kargen Strenge und Unerbittlichkeit der kastilischen Hochebene den Geist eines unzähmbaren, unbezähmbaren Willens suggeriert. In Architektur und Kunst und Literatur geflossener, aus Erde und Himmel und Stein erwachsener, unbeugsamer Wille. Unbeirrbar. Mit all den daraus resultierenden Vor- und Nachteilen, künstlerischen und spirituellen Hochleistungen und historischen Katastrophen. Von der spanischen Mystik bis zur Inquisition, von der Entdeckung „neuer" Erdteile bis zu deren brutaler Unterwerfung und rücksichtsloser Ausbeutung.

Unbeugsamer Wille, in den strengen Felsen der kargen Hochebene, der heißen weißen Sonne, dem herben Wind vorgezeichnet, vorgegeben. Eingebrannt in das spanische Herzland, Burgen-Felsen-Windmühlenland. Hineingebrannt in das Wesen des *Castillano.*

Und doch verdankt Spanien erst der historischen Unterbrechung kastilischer Unbeugsamkeit in der jüdisch-maurisch-christlichen Blütezeit zahlreiche seiner künstlerischen und intellektuellen Hochleistungen, konnten sich erst in der Begegnung mit anderen Kulturen in gegenseitiger Toleranz und kultureller Synthese der „Geist von Toledo", die außergewöhnliche Bedeutung der kastilischen Stadt in den Bereichen Philosophie und Literatur, Mathematik und Medizin, Astronomie und Geographie entfalten – womit sich die Deutung bereits wieder ausgedeutet hätte, ich mich aus der heißen weißen Sonne hinter die Schatten-spendenden ockerfarbenen Mauern *Toledos,* ins jüdisch-maurisch-christliche *Toledo* zurückziehen darf. Zu den architektonischen Überresten der einstmals maurisch-christlich-jüdischen Stadt, die den „Katholischen" Königen, welche Mauren und Juden aus der Stadt verbannten, zur Flucht zwangen, ihren Niedergang verdankt; die hoch über dem *Tajo* aufragende Festung, vor der Sie eingetroffen, angelangt sind auf Ihrer Windmühlen-reichen Reise durch die idealistischen Träume eines traurigen Ritters, den *Cervantes* vergangener Hochblüte nachjagen läßt.

Mächtig, die ockerfarbene Festung, der auf den Überresten der maurischen Burg erbaute *Alcázar,* der die Stadt beherrscht, beinahe erdrückt, bezwingt, mit dem Himmel ringt, derzeit gerade Sonnen-weiß und Hitze-blau, der Himmel. Über *Toledo.* Weder drohend verdunkelt noch Blitze-durchzuckt wie im visionären „Blick auf Toledo" des kretischen Malers *Domenikos Theotokópoulos*, *El Greco* genannt, der die Häuser und Mauern und Kirchen seiner Wahlheimat in immateriellem Weiß auf ockerfarbene Hügel unter Blitze-zerrissene, tiefdunkle Wolken bannt – in seinen mystischen Visionen der mystisch herben Stadt mit den engen, steilen, gepflasterten Gassen in den ehemals jüdischen und maurischen Vierteln, den außergewöhnlichen Bauwerken einer weltoffenen, längst verblühten Kultur, die arabische Ornamentik mit christlich-arabischem *Mudéjar-Stil*, Renaissance und Gotik zu kunstvoller Synthese verband; in der von französischen, maurischen, italienischen und spanischen Künstlern gestalteten Kathedrale, in der maurisch-gotischen Moschee *Cristo de la Luz*, in der Synagoge *Santa Maria la blanca.*

Anklänge an Andalusien, an die sinnliche Verzückung, sanfte Sinnen-Berückung der *Alhambra,* das maurische *Granada?* Werden Sie nicht finden im kastilisch-strengen *Toledo,* weder lustvolle Gärten noch luxuriöse Paläste, dafür maurische Brunnen in versteckten *Patios,* herbe Einblicke vor dem *Alcázar* in die ockerfarbene *Meseta,* herbe Ausblicke von den Ufern des *Río Tajo* auf die hoch über der Ebene liegende Stadt. Werden Sie entdecken. Ebenso wie äußerst lustvolles spanisch-arabisches Marzipan und türkisch-kastilischen Kaffee, den Sie ausgiebig genießen während Ihrer ausgedehnten Siesta hinter den arabischen Holzfensterläden eines maurischen Cafés, die die weiße Sonne in unfreiwillige Muster zwängen, das helle Licht bedrängen, das sich gebrochen über die teilweise zerbrochenen *azulejos,* arabisch-spanischen Kacheln breitet. Das zerbrochene Licht. Hinter den kunstvoll durchbrochenen maurischen Fensterläden. Im einstmals maurisch-jüdisch-christlichen *Toledo.*

El Greco – pardon, er läßt nicht locker, gibt mich nicht frei, der kretische Maler, der sich in Venedig einige Zeit im Kreis von *Tizian* und *Tintoretto* aufhielt, in *Toledo* seine geistige Heimat fand; der Maler mit dem visionären Blick, der die schwebende Grenze zwischen mystischer Schau und vordergründiger Wirklichkeit, zwischen Zeit und Zeitlosigkeit, Materie und Transzendenz in seiner Kunst durchdrungen, durchbrochen hat. In *Toledo,* der zu Kunst und Vision inspirierenden Stadt, bedeutende Lebensstation Geist-verwandter spanischer Mystiker, die unbeugsam in ihrem Willen zur Reformation des Karmeliterordens die Grenze zwischen Innen und Außen, Gott und Welt durchbrochen haben. *Juan de la Cruz,* berühmter spanischer Lyriker, und *Teresa von Ávila,* Schutzherrin der spanischen Schriftsteller.

Darf dennoch vorübergehend den Blick wieder zur Erde senken, Ihr Interesse auf irdische Genüsse lenken – Sie zum Beispiel in einen *Parador* geleiten, Sie zu einer historischen Nacht in einem alten Schloß, einem Kloster, einer Burg verleiten. Adaptiert, renoviert, historisch modernisiert. Die *Paradores,* staatlichen Hotels, die zwar häufig Ihrem verträumten Anspruch eines historischen Ambientes gerecht werden, Sie in Service und Ausstattung jedoch vereinzelt eher an die Franco-Diktatur als an vergangene maurisch-jüdisch-christlich-spanische Hochblüte oder gar moderne, gehobene spanische Hotellerie erinnern.

Sinnliche Genüsse im mystischen *Toledo* – der Blick zurück ins Diesseits der Grenze – zum Beispiel auf Rebhühner, *perdiz estofada*, nach einheimischer Sitte geschmort, deren Anblick Sie lange entbehren, sich mit *tapas, aceitunas* – Oliven und Sherry aus *Jerez* ernähren, bevor Ihnen spanische Restaurants zwei Stunden vor Mitternacht das heiß ersehnte Toledaner Rebhuhn-Abendmahl gewähren. Hinter alten Steinmauern unter Holz-getäfeltem Plafond auf schwerem, altem Holztisch über altem, unebenem Steinboden. Auf bunt bemaltem Keramiktableau – das Rebhuhn, in bunt bemaltem Keramikkrug – der Rotwein aus *Méntrida,* in buntbemaltem Keramikschälchen – der spanisch-arabische Milchreis, *arroz con leche.*

Toledo und der nächtliche Blick über die Grenze – durch den arabisch geschwungenen Torbogen auf die katholische Kathedrale, durch die steilen Gassen mit den *El Greco*-Souvenir-verkaufenden Läden auf die alte Synagoge, durch eines der maurischen Stadttore hinaus auf den Stern-klaren, harten, kastilischen Himmel, der sich schwarz in den Fluß senkt, der schwarz in den Himmel sinkt, in funkelnden Sternen ertrinkt, der Fluß, der Himmel, die Grenze – zwischen diesseits und jenseits, irdisch und transzendent in der sinnlich mystischen Stadt *Toledo.* „Herz Spaniens“, nach *Tirso de Molina*; „Krone seiner Städte“, laut *Cervantes,* Schöpfer des träumenden, kämpfenden, traurigen Ritters, den Sie nun endgültig hinter sich lassen, zurücklassen vor weißen Windmühlen unter weißer Sonne, den träumenden Dichter, den kämpfenden Träumer, an silbergrünen Olivenhainen und weißen *cigarrales* – Toledaner Landgütern, an Frühlings-gelben Wiesen oder Sommer-braunen Feldern vorbei nach *Ávila,* in die „Seelenburg“ der Reformatorin, Mystikerin, Feministin, Menschenrechtskämpferin *Teresa* vordringen. In die strenge herbe Landschaft von *Castilla y Leon.* In die höchstgelegene Provinzhauptstadt Spaniens. Von strengen mittelalterlichen Stadtmauern umschlossen, von schweren massiven Türmen verstärkt. Die gewaltige Mauer, hinter der Sie sich möglicherweise auf die Suche nach den Spuren einer Frau begeben, die eine tiefenpsychologisch spirituelle Reise durch die Schichten ihrer Wahrnehmung unternahm, ins „innerste Burggemach“ der Seele vordrang, die Mauern des Bewußtseins von innen sprengte – und gleichzeitig ein gewaltiges Reformwerk in der „Außenwelt“ initiierte. Begleitet, unterstützt von dem sensitiven Dichter, spirituellen Mystiker *Juan de la Cruz.* Werden Sie möglicherweise begegnen, den beiden Mystikern, wenn auch nicht unbedingt im *Convento de Santa Teresa* mit der barocken Klosterkirche über *Teresas* Geburtshaus oder den von zahlreichen Pilgergruppen bevölkerten alten Kirchen und Klöstern der Stadt. Vielleicht nicht einmal innerhalb der mächtigen alten Mauer, viel eher irgendwo auf den rauhen Hügeln mit Blick auf die Stadt, zwischen den schwarzen und grauen Felsen am Rande der *Sierra de Ávila* unter strengem, Licht- und Wolken-zerfetztem, kastilischem Himmel, der sich in seiner Erhabenheit erstaunlich nahe zur Erde neigt, sich in seiner Unnahbarkeit erstaunlich offen zeigt. Der Himmel.

In der Begegnung mit *Teresa* und *Juan,* zwei Entdeckungsreisenden auf der Suche nach neuen Kontinenten. Auf der Suche nach Seelen-Neuland. Im Zeitalter der großen spanischen Entdeckungen. Innen- und Außenwelt-Entdeckungen, denen Sie nachspüren, nachforschen – unter Licht-zerrissenem Himmel, in der rauhen Landschaft, in den Werken der großen Maler *Zurbarán, Ribera* und *Murillo,* die, beeinflußt von *Teresa* und *Juan,* ihren Bildern den Ausdruck mystischer Versenkung, den Eindruck Grenz-überschreitender Vision verliehen.

Rauher Wind, baumlose Steppe, tiefblickende Einsichten, himmelnahe Aussichten und die Rückkehr zur Erde – hinter die Mauern, mitten hinein in die mittelalterliche Stadt an einen alten Holztisch in einer kleinen kastilischen *Taberna* – zu einer der deftigen Spezialitäten der eher Spezialitäten-armen Küche der Region. Spanferkel. Beispielsweise. Oder – oder – nun ich fürchte, viel mehr fällt mir nicht ein zur Küche *Ávilas;* nicht zuletzt weil die Verführung der Stadt eben doch eher über den Mauern und unter dem unnahbar Erd-nahen Himmel liegt als im Kochtopf und an der Bar.

Über den Mauern. Die Sie umrunden. Auf dem steinigen Hochland, das Sie durchqueren. In der kargen Steppe, die Sie hinter sich lassen, um ins Tal des *Río Tormes* vorzudringen, von geistiger Erhabenheit ins Zentrum intellektueller Gelehrsamkeit weiterreisen. Nach *Salamanca,* in die alte Universitätsstadt, auf die *Plaza Mayor,* Mittelpunkt gesellig weltlichen Lebens. Zu *tapas* und spanischen Ansichten, Aussichten über die *plaza* – von Arkaden umschlossen, von Leben, Liebe und Geselligkeit durchflossen. Von flirtenden, schmusenden Pärchen und diskutierenden Studenten und flanierenden Familien und streunenden Touristen belebt. Bewegt. Das Leben im Zentrum der Stadt. In den alten schmalen Gassen rund um die Universität, unter den plateresken Portalen, in den schattigen *Patios* – Innenhöfen, Brunnen-plätschernd und kühl.

Salamanca, äußerst vielfältige Verführungen bereithaltend, verborgenhaltend für Kunstliebhaber und Wissensdurstige, Sonnenträumer und träumende Städtestreuner. Zum Beispiel Musiker. Zumeist spanisch.

Im Gegensatz zu *Madrid.* Zumeist lateinamerikanisch. Die singenden Guitarrespieler, Guitarre-spielenden Sänger. Häufig Studenten. In den kleinen Gassen rund um die alte Universität. Spanisch. Die poetischen Klagegesänge, melancholischen Liebesklänge im Gleichklang der leidenschaftlich ernsten Guitarre. Im Gegensatz zu den Flötenklängen, Andenklängen, südamerikanisch fröhlichen Liebesgesängen, die Sie in *Madrid* erwarten, Sie im Herzen Kastiliens, im Zentrum lateinamerikanischer Literatur aus der Alten neuen Welt in die Neue alte Welt des indianisch-spanisch-portugiesisch-südamerikanischen Kontinents entführen. Werden. Auf Ihrer fortgesetzten Erkundungstour, Kastilien-Umrundungstour.

Salamanca und die Rückkehr ins Diesseits der Grenze. Zwischen Europa und Amerika. Innen und Außen. Irdisch und Transzendent.

Wenngleich die Grenze fiktiv und die Rückkehr keine Rückkehr und das Diesseits nicht diesseits und das Jenseits nicht jenseits ist und der Blick über die fiktive Grenze letztlich nur den geschärften Blick in die Innendimension der einen grenzenlosen Welt meint. Vor den Windmühlen der *Mancha* oder in *Toledo,* in den Bildern *El Grecos* oder bei *Ribera.*

In der Hitze-weißen Stille im rotleuchtenden Kreuzgang des Klosters *San Estebán* in *Salamanca.* Pardon, komme nicht umhin, Ihnen diese flirrende Lichtfülle, leuchtende Stille-Fülle ans Herz zu legen, Sie noch ein letztes Mal hinter klösterliche Mauern zu entführen auf dieser Ihrer kastilisch-mystischen ReiseVerführung durch das spanische Herzland. Licht- und Felsen- und Seelenburgen-Land. Nach Möglichkeit zu hitzeflimmernder Mittagsstunde unter goldweißer Mittagssonne, welche die Klostermauern und plateresken Motive und Renaissancebögen in goldenes Rot, rotes Gold taucht. Im *Claustro de los reyes, San Estebán.* Goldrotes Leuchten über rotgoldenem Stein. Welcher sich in goldrotes Licht zu verwandeln scheint, welches in goldrotem Stein zu erstarren meint. Das Leuchten. Die Stille. Die Sonne.

Womit ich irgendwie am Ende, im Zentrum angelangt wäre – angesichts der Licht-gewaltigen Stille vor Ihnen, über Ihnen, neben Ihnen – wenngleich sich die Licht- und Hitze- und Kunst-reiche Tour durch Spanien unbegrenzt fortsetzen ließe – in den zahllosen Verführungen der kleinen und großen Städte und Ortschaften und Landschaften und Nationalparks, in die ich Sie auf dieser unserer ReiseVerführung nicht entführe, die Sie selbst erkunden, längst erkundet haben – ebenso wie die unwiderstehlichen Erfahrungen Andalusien und Katalanien; selbst mancher noch nicht unter Hotelburgen begraben liegende Küstenabschnitt könnte Sie begeistern, hat Sie längst begeistert, ebenso wie verträumt-mondäne Strand- und Badeorte – *Sitges* zum Beispiel, unweit *Barcelona* – oder natürlich *Barcelona* selbst und der *Montserrat* und *Gaudí* und *Miró* – und das grenzenlose Spektrum spanischer Phantasie und die grenzenlose Liebe zum Visionären, Phantastischen –

Womit wir wieder bei dem träumenden Ritter vor weißen Windmühlen angelangt wären. Und bei *El Grecos* mystischen Visionen. Und *Teresas* und *Juans* Blick ins Innerste der Seele.

Angelangt bei dem spanischen Blick über die Grenze – die Grenzen Europas, die Grenzen der sinnlichen Wahrnehmung.

Muß daher in sprunghafter Grenzenlosigkeit noch einmal zurückkehren ins Herzland Kastiliens – zu den Überresten der maurischen Burgen auf den ockerfarbenen Felsen der ockerfarbenen *Meseta* unter dem tiefblauen Himmel. Zurück ins alte Spanien der Mauren und Juden und Christen. Zurück ins heutige Kastilien der Verkarstung und Landflucht und schweigenden Dörfer unter weißer Sonne. Zurück in die *Meseta* in die Begegnung mit einem alten *Castillano.* In einem kleinen weißen Dorf. Unweit der großen weißen Windmühlen. Tisch an Tisch, Seite an Seite in der einzigen *Taberna* des Ortes. Der alte *Castillano,* seinen billigen *tinto* – Rotwein trinkend, schweigend in die Leere starrend, um plötzlich und unerwartet und unvermittelt die fremde Frau vor sich – also Sie – oder mich – in großem Spanienreiseführer und noch größerer Straßenkarte blätternd, den kleinen Tisch mit Innen- und Außenansichtsplänen von *Toledo* und *Madrid,* mit Innen- und Außenweltführern von *Juan* und *Teresa* bedeckt, belegt, anzusprechen. Vorbeizusprechen. An der Frau am Nebentisch – somit an Ihnen – oder mir. Ohne den Blick zu heben, der *Castillano,* ohne aus der inneren Isolation zu treten; in rauher Sprache, mit rauher knarrender Stimme ein paar Worte über Bücher und Ansichtspläne und Karten werfend;

„Sie sind schon angekommen, brauchen nicht weiter zu suchen. Kastilien ist Spanien. Spanien ist Kastilien.“

Die mit Ziele-weisenden Büchern und Plänen eingedeckte Frau – also Sie – oder ich – blickt auf von Plänen und Büchern, blickt hinein in die weite, trockene, hitzeflirrende Ebene, die nicht viel mehr ist als hitzeflirrende, trockene Ebene, die sehr viel mehr ist als hitzeflirrende, trockene Ebene – blickt hinüber zu dem alten *Castillano,* der seinen billigen Rotwein trinkt, unnahbar auf den Tisch starrt, keine Antwort wünscht, keine Antwort erwartet, blickt wieder hinein in die hitzeflirrende weite Ebene, hinter deren ockerfarbenem Fels sich maurische Gärten und mächtige Burgen und Kathedralen und Städte und Mauern und Türme und Kuppeln erheben – für einen Augenblick erhellt im Aufleuchten eines Blitzes, der den Schleier hebt, den Blick erhellt auf das verborgene Wesen der Dinge – ein Blick hinter die Kulissen des äußeren Scheins – wie im Blitze-durchzuckten Himmel *El Grecos* über *Toledo.*

Portugal

Alentejo

Algarve

Ribatejo

Estremadura

Sehnsucht meerwärts gerichtet

Ein blauer dunkler Klangtropfen schwirrt über blauem Dunst und rotem Wein, steigt hoch, streift noch einmal kurz die Saiten der *viola,* denen er entschlüpft, entglitten, entwichen ist, berührt die schmerzvoll über der Brust sich ineinanderklammernden Finger der in schmerzvoller Wehmut mit sich, mit der Welt, dem Schicksal, der Sehnsucht ringenden Sängerin – und entweicht, blau und schwer – entweicht in die engen Gassen der *Alfama,* Richtung Fluß, Richtung Meer. Blau mit weißen Rändern, weiß mit blauen Rändern, der Klang, die Wehmut, die Sehnsucht, die sich in dem lusitanischen Gesang eine Ausdrucksform geschaffen hat.

Sie befinden sich – wie Sie zweifelsohne bemerkt haben – in *Lisboa,* nähere Ortsbestimmung *Alfama,* im alten arabischen Viertel der Stadt, sitzen gemeinsam mit einigen PortugiesInnen in einem kleinen Lokal, haben soeben begonnen, Ihren *bacalhau* zu verzehren – als die Sängerin mit den großen wehmütigen Augen und den grell geschminkten Lippen den Raum betritt, die *viola* ihre melancholischen Klänge verschickt, die *Guitarra portuguesa* die Herzen der anwesenden PortugiesInnen entbrennt, die Wehmut den Raum ertränkt, die Liebe im Schmerz versenkt; der blaue Dunst den Raum erfüllt, die in sich versunkenen Gesichter verhüllt, der *bacalhau* im Rauch ertrinkt, der *vinho verde* nach Abschied klingt.

Fado – „uma maneira de sentir“ – eine Form der Empfindung, die sich langsam aus Portugal zurückzieht, die schwermütige, meerwärts-gerichtete Sehnsucht, ersetzt wird durch den landwärts-gerichteten Europa-Blick.

Dennoch sollten Sie vorerst der alten Blickrichtung der Portugiesen treu bleiben, Ihre Schritte meerwärts lenken, sich in den Anblick der vielleicht eindrucksvollsten Felsküste Europas versenken.

Nein, wo denken Sie hin, will Sie nicht – noch nicht – zu den Hochhäusern und Betonburgen der *Algarve* entführen, wenngleich Sie auch an der *Algarve* noch vereinzelt beeindruckende Strände entdecken werden, nein, Ihre/meine Sehnsucht gilt der Westküste, wilden Atlantikküste, der *Costa azul, Costa alentejana* und *Costa vicentina*. Jenen Küstenabschnitten, welche die meisten Touristen (die wenigsten Portugalreisenden) auf ihrem Weg von *Lisboa* an die *Algarve* rechts, also meerwärts liegen lassen. Unbegreiflicherweise, erfreulicherweise, denn diese Mißachtung der Schönheit trägt eben gerade zu deren Erhaltung bei.

Darf daher kurz – entschuldbar durch die soeben erfolgte *Fado-Beeinflussung* – ein wenig emotional werden: portugiesische Westküste, südlich von *Lisboa,* zwischen *Sines* und *Cabo de São Vicente* – das Ende Europas, die Begegnung mit dem Meer, Atlantik – wild, aufbrausend, ungezähmt. Rote Felsen, menschenleere Buchten, weite Sandstrände, die das Meer in heftigem Anprall mit weißen Salz- und Wasserschleiern einhüllt, verhüllt; böiger Wind, der den Sand in die anrollende Gischt wirbelt, Sandpisten, die zwischen grünen Flechten und schroffen Felsen auf Meer-zerzauste Felsabbrüche führen; stürmischer Wind, stürmisches Meer, heiße weiße Sonne, der Geruch von Hitze und Ozean und heißem Fels und

Sonne-durchglühtem Stein, der Gesang der Zikaden, Stille, einsame Hügel, Fischadler über den Felsklippen – und immer wieder der Atlantik, in mächtigen Wellen anrollend, in tiefem Blau gegen die Felsen schlagend, weiß schäumend sich in blaugrüne Strudel verlierend, in weißen Schaumkronen den Anprall tarnend, in tieferes Blau zurückweichend, im Anrollen der nächsten Welle neuerlich blaues Grün auflegend – um irgendwann zwischen Felsen und Gischt sich in langsam entfärbendem Türkis den Weg auf den Sand, über den menschenleeren Strand zu bahnen, über den Sand zu rollen, die Hitze von den Steinen zu lecken, den Strand mit Gischt zu bedecken – Ihre vorsichtigen Fußspitzen kühl berührend, Sie verführend zu schäumender Verschmelzung mit Sonne und Wasser und Sand und Wind.

Und schon sind Sie dem Meer erlegen, haben sich hineingewagt in das wirbelnde, schäumende, leuchtende FarbenSonnenWasserVergnügen, nach Luft schnappend, in die Sonne lachend, irgendwo zwischen Wellenbergen dem Wind entgegengestreckt, während Ihre Sinne in Farben ertrinken, Sie sich über den Sand, an den Strand rollen, stoßen, treiben lassen, nach der Sonne fassen …

Eine Form von Badevergnügen, die Sie – sanft umschrieben – nur mäßig verführerisch finden, daher in Kürze die Westküste rechts, also meerwärts liegen lassen, um Richtung *Algarve*, Richtung gesittetes Strandvergnügen auf überwachtem Sand vor gepflegter Betonburg unter Sonne-abweisendem Sonnenschirm und Wind-abweisendem Windfänger weiterzureisen.

Doch halt, nein, warten Sie, Sie müssen ja nicht gleich mit den wilden Stränden tief im Süden beginnen, können doch bereits weiter nördlich eine Zwischenstation, Badestation einlegen, an der *Costa azul*, irgendwo zwischen *Sesimbra* und

Sines, wo der Tourismus bereits Einzug gehalten hat, die Sandpisten verschwunden, Sonnenschirme zu mieten sind. Auf daß Sie endlich baden, ausgiebig und lang durch die dunkelblauen, kühlen Fluten des Atlantik gleiten können, nicht länger von mächtigen Wellenbergen in gewaltige Wellentäler geworfen werden. *Praia do Portinho da Arrábida* – eine verführerische Bucht, beinahe Wellen-frei; laufen Sie Wellen-ungebremst ins kühle tiefe Blau, gleiten Sie Wellen-ungehemmt durch blaue kühle Tiefen, bis Ihre Sehnsucht nach der heißen Sonne Sie unweigerlich wieder an Land lockt. Vielleicht sogar ins Hinterland der *Serra da Arrábida* – eher mediterran als atlantisch – nicht die Wassertemperatur, sondern die Vegetation der *Serra* – hohe Pinien und Zypressen und Wasserfälle ...

Wobei ich aufgrund der atlantischen Begeisterung mittlerweile aus der geographischen Reihenfolge gepurzelt bin, Sie scheinbar orientierungslos von Süd nach Nord und Nord nach Süd hetze. Ein Mißstand, den ich hiermit beende.

Also, Sie haben *Lisboa* verlassen und reisen Richtung Süden. Gelangen somit noch bevor Sie *Sesimbra* und den sanften Strand und die mediterrane *Serra* sichten ans *Cabo Espichel,* überlassen Ihren Leihwagen der heißen weißen Sonne, gehen zu Fuß dem Wind, dem Meer entgegen, auf welches Sie nach wenigen Schritten von steil abfallenden Klippen herabblicken. Beinahe ungestört – allein mit kahlen Felsen und heißer Sonne und schäumendem Meer und der alten einsamen Kirche, die ihre Aufgabe als Wallfahrtsort erfüllt, abgelegt, abgestreift hat, zurückgekehrt ist in die Stille des Windes, der Sonne am Ende der Welt, der Erde, am Beginn des weiten, einst unendlichen Meeres.

Sie kehren zurück in Ihr Sonnen-erhitztes Auto, sehnen sich bereits nach kühlender Begegnung mit dem Atlantik, machen

Halt an dem zuvor erwähnten Strand am Fuße der *Serra,* tauchen unter in den klaren, besänftigten Wellen, reisen Meergekühlt und erfrischt Richtung Süden, gelangen nach *Sétubal,* nehmen möglicherweise eine Fähre, die Sie auf die Halbinsel *Troía* mit den weiten Stränden überführt, zu neuerlicher Atlantikbegegnung verführt – oder Sie reisen weiter Richtung Süden, tauchen ein in das Naturschutzgebiet zwischen *Sines* und *Sagres,* wenden sich vorübergehend von der Küste ab und den einsamen Ebenen mit den Olivenbäumen und Korkeichen zu, machen irgendwann einen Halt in einem der kleinen weißen Dörfer des *Alentejo,* spazieren unter weißer Sonne zwischen weißen, blau-umrandeten, Geranien-geschmückten Häusern, begegnen Sonne- und Wind-gegerbten Gesichtern, stoßen unvermittelt auf den altbekannten schweren Klangtropfen, Tropfenklang; ja, hier finden Sie ihn wieder, findet er Sie wieder, dunkel und blau und weiß-umrandet an der Dachkante des weißen, blau-umrandeten kleinen Alentejo-Häuschens unter breitem Schornstein baumelnd – der große lusitanische Wehmutstropfen, dem *Fado* entwichen, aus *Lisboa* hinausgeschlichen, irgendwann zwischen Sonne und Wind und Meer wieder ins Landesinnere zurückgewichen, um irgendwo im beinahe noch ursprünglichen *Alentejo* hängenzubleiben, sich mit der ihm gemäßen Stimmung zu vermählen, dem Wind und der Sehnsucht nach dem nahen Meer. Über arabischen Kacheln baumelnd, die einst ihren Weg aus Spanien nach Portugal fanden – blau und weiß und nur wenig in der Sonne verblichen – das alte Fliesenbild unter dem Kreuz der christlichen Seefahrt, das Schiff, die *Caravelle* auf der Fahrt ins Unbekannte, auf der Suche nach neuen Seewegen, neuen Kolonien, neuem Reichtum – von *Sagres* und *Lagos* aus nach Indien, zum Kap der Guten Hoffnung, nach Brasilien, China, in den Persischen Golf, an die afrikanische Westküste. Das kleine

Schiff auf großer Fahrt in blau-weißen *azulejos* auf die Hauswand im Hinterland des *Alentejo* gebannt. Ferne Größe in Erinnerung haltend, wehmütig und sehnsüchtig. Der Fadoklang – denn die Sehnsucht ist erfüllt, der Aufbruch ins Unbekannte vollzogen, die einst auf Wagemut und Neugier, gefolgt von Ausbeutung und Unterdrückung gegründete Größe dahin. Bleibt die Wehmut. Und der Blick zu neuen Ufern.

Zurück ans Meer, an die *Costa vicentina*, zu den unberührten Stränden und den von fernen Kontinenten anrollenden mächtigen Atlantikwellen. Nehmen Sie Platz auf einem der Sonnendurchstrahlten Felsen oder klettern Sie den sandigen Pfad zum Strand hinunter, ziehen Sie Ihre einsame Spur durch den nassen Sand, den Sie mit Möwen und Krabben teilen – öffnen Sie Ihre Sinne ein letztes Mal der Einsamkeit und ursprünglichen Schönheit der Sie umgebenden Natur, eingehüllt in den Dunst des Meeres, in die rötlichen Strahlen der Abendsonne, die die Wellen mit funkelnden, glitzernden, leuchtenden Bändern überzieht, funkelnde Lichtspuren über den nassen Sand wirft – denn es naht die *Algarve* und mit ihr die Betonburgen und Umweltsünden.

Pardon, Sie haben wie immer recht, zuerst die Vorzüge – welche da lägen in warmem Meer und sanften, schwimmfreundlichen Wellen, Fischrestaurants direkt am Strand, wo Sie den Sonnenuntergang unter freiem Himmel mit frisch gegrilltem Thunfisch verfeinern können (sich vom Sonnenuntergang durch frisch gegrillten Thunfisch ablenken lassen können) – sowie zahlreiche andere Annehmlichkeiten, welche wir uns in Kürze zuteil werden lassen, zuvor jedoch noch ein letzter Blick auf die Stille und Schönheit der unberührten Küste – bevor die Begegnung mit der *Algarve* am *Cabo de São Vicente*, am südwestlichsten Ende Europas ihren Anfang nimmt – am Ausgangspunkt der großen Entdeckungen, in der Vermählung von Meer und Meer, Algarve und Atlantik, von dunklem Blau und Mittelblau, ungestüm und mäßig ungestüm – zwei Gemütsverfassungen eines Ozeans – aufeinanderstoßend, ineinanderbrechend an den hohen Felsen, im stürmischen Wind – am „fim do mundo", am Ende der Welt.

Algarve – al-Gharb – der Westen, jenes Land, das die Mauren nach ihrer Landung in Spanien 711 nach und nach eroberten, mit ausgeklügelten Bewässerungssystemen fruchtbar machten. Noch ist sie beinahe unberührt, wenige Kilometer hinter dem Kap, die *Algarve,* bei *Carrapateira* und *Bandeira,* doch Sie ziehen unbeirrt weiter, nähern sich den Hochburgen des Tourismus, sind schon fast in *Lagos* angekommen – sehen die Betonwüste in weiter Ferne, ferner Nähe grau und weiß aus dem Sand ragen – und machen halt, bleiben davor, etwas außerhalb. Gelegenheit für eine Verführung, eine Zeitreise – Sie erinnern sich, Spanien, *Parador?* Das portugiesische Pendant, es heißt *Pousada,* doch in eine *Pousada* will ich Sie nicht entführen, nein, eine wirkliche Zeitreise – nur Sie und ich und vielleicht noch zwei weitere Gäste, denn für einen größeren Touristenandrang ist sie nicht ausgerüstet, die alte *Casa nobre*, das alte Herrenhaus, Landhaus an der Küste aus dem vorigen Jahrhundert, ausgestattet mit vier bis fünf Gästezimmern, einer Köchin, die den Haushalt führt, und einem alten Majordomus, der sich um den Garten und Ihre Wünsche kümmert. Sofern Sie imstande sind, ihm diese sprachlich, d.h. auf Portugiesisch, ausschließlich Portugiesisch zu vermitteln, sofern er imstande ist, diese – Ihre Wünsche, Ihre Sprache – zu enträtseln. Denn der Besitzer ist verreist, dienstlich, nach *Lisboa* oder *Porto, Brasilia* oder *Rio de Janeiro.*

Treten Sie ein in einen blühenden Garten, direkt über den Felsen am Meer gelegen, einige Kilometer außerhalb der Stadt, fern der Hotels und Freizeitzentren – der Garten, das weiße Haus mit den arabischen Bögen über den großen, Sonnezugewandten, unter Schatten-spendenden Holzläden verdeckten Fenstern, dem kleinen Balkon mit dem schmiedeeisernen Gitter vor Ihrem Schlafzimmer, dem großen, mit *azulejos* verkleideten Speisesaal – der alte hölzerne Speisetisch vor die großen Glasfronten gerückt, die den Blick auf das Meer freigeben. Treten Sie ein, beziehen Sie Ihr etwas altertümliches Zimmer, gewöhnen Sie sich an das etwas ältliche Bad, genießen Sie von Ihrem kleinen Balkon aus den Blick auf die große Terrasse, die Felsen, das Meer; die Stille. Sie haben Glück, zählen Sie doch zu den wenigen Gästen, die so nahe am großen Vergnügen freiwillig auf Klimaanlage und Animation und Fitneß-Center und Gesundheitsmassagen und Disco im Haus und deutschsprachiges Abendmenü verzichten, um in einem alten portugiesischen Landhaus zu übernachten. Verweilen. Mit landesüblichem Frühstück auf dem kleinen weißen Balkon, landesüblichem Abendmahl im *azulejos*-getäfelten Speisesaal, das blauweiße alte Porzellan von der freundlichen, schwerhörigen Köchin sorgsam passend zu den weißblauen *azulejos* gewählt – etwas steif vielleicht, die alte portugiesische Herrenhausatmosphäre, dennoch originell, original, zumindest beinahe – der Blick hinter die Kulissen des Tourismus auf die Bühne des erlesenen portugiesischen Landlebens. Meerlebens.

Meer-Erlebens.

Sie verbringen einen Großteil der Sterne-funkelnden Nacht auf der großen Terrasse im Garten über dem Meer, blicken in den Mond, den nächtlichen Himmel, trinken Portwein, begeben sich sehr spät in Ihr altertümliches Zimmer, ziehen die schweren altertümlichen Vorhänge vor das geöffnete Fenster – vernehmen den Anprall der nächtlichen Flut auf den Felsen, die aufgeregten Schreie der Möwen – fühlen sich gar belästigt durch die nächtliche Meeresgeräuschkulisse, würden lieber das monotone Summen der Klimaanlage als das böige Pfeifen des Windes vernehmen? Beschließen daher aufzubrechen, auszubrechen aus der alten Herrenhausidylle?

Nun, ich werde Ihrem Ansinnen nicht im Wege stehen, lassen Sie Ihren Wünschen freien Lauf – reisen Sie weiter Richtung *Faro,* Richtung Spanien, ich bleibe hier, Richtung Möwen, Richtung Meer. Um mich tagsüber auf die Suche nach einem mäßig Körper-bedeckten Strand zu begeben, um des Abends nach ausgiebigem Meeresgenuß in die Stille der Möwen zurückzukehren. Im übrigen könnten Sie es in der Nähe von *Portimão* noch einmal mit einer *Casa nobre* versuchen – einige Kilometer vom Meer entfernt im Hinterland gelegen, eingebettet in eine große Orangenplantage; sanftes Blätterrauschen statt Wellentosen, nächtlicher Zikadengesang statt Möwenkreischen, um am nächsten Morgen ausgeruht und Meeres-hungrig die berühmte *Praia da Rocha* aufzusuchen; nicht etwa aufgrund mäßiger Sandbedeckung durch menschliche Körper, sondern vielmehr wegen der beeindruckend bizarren Küstenfelsen am Strand, im Meer, vor der Küste. Rotgoldene Felsen, Sandsteinfelsen, die kleine Buchten bilden, in deren heißen Felsnischen Zikaden singen, die Stimmen der zahlreichen Menschen überklingen, für den Fall, daß Sie sich ganz nah an die heißen Felsen schmiegen, Ihr Ohr im Wind und im Gesang der Zikaden wiegen. Auf der *Praia da Rocha.* Bei den Sandsteinfelsen. Auf welchen die Freuden der *Algarve* ruhen. Noch. Denn der Tourismuszauber droht im Meer zu versinken, abzubrechen – die großen Hotels und teuren Bungalowanlagen und vornehmen

Golfplätze ins Meer abzurutschen – sollte die ungebremste Verbauung fortgesetzt, die Erosion durch die Bewässerungsanlagen weiter beschleunigt werden.

Doch noch stehen sie, die beeindruckenden Felsformationen an der Küste des warmen, freundlichen Algarve-Atlantik, und mit ihnen die Felswände und Felsnischen und der daraus erklingende Zikadengesang.

Und falls Sie irgendwann Ihren langen, heißen, Verkehrs-reichen Weg nach *Albufeira,* ins ehemals verträumte Fischerdorf, oder gar nach *Faro,* in die Hauptstadt der *Algarve* fortsetzen sollten, dann gönnen Sie sich noch einmal eine kühle blaue Rast, nicht in den Wellen des Atlantik, sondern in der Kirche *São Lourenco* in *Almansil,* über und über mit blau-weißen *azulejos* bedeckt, ausgelegt, vom Boden bis zur Decke, rund um das vergoldete Schnitzwerk des Altars – während ich mich auf den weniger berühmten Stränden von *Porto de Mós* und *Praia da Luz* unter PortugiesInnen mische, Ihre exzellente Idee aufgreife und mich mit dem Einsetzen der Flut vom Strand zurückziehe, meine Meerbegegnung einige Meter oberhalb des Sandes auf die Terrasse des kleinen Fischrestaurants verlege, wo man mir frisch gegrillten Thunfisch und *vinho verde* vor den Sonnenuntergang stellt, während die am Strand verbliebenen PortugiesInnen und vereinzelten TouristInnen immer näher zusammenrücken, aneinanderrücken, vor dem Meer sich drücken, das in erstaunlicher Geschwindigkeit den Strand für sich beansprucht, den Sand leckt, unvorsichtig zurückgelassene Badeschuhe verschlingt, sich über Handtücher wirft, Sonnentrinker benetzt, immer mehr Strandbesucher zu Thunfisch und *vinho verde* hetzt.

Das Meer, das die Sonne verschlingt zum arabisch süßen Mandeldessert, die Sonne, die im Meer versinkt, im portugiesisch süßen Mandellikör.

Vor der nächtlichen Rückkehr zu den Möwen und dem Gesang der Wellen über den Felsen und dem verführerischen Klang des Windes in den Palmenblättern des Gartens, eingehüllt in den Duft der orangeroten, Mond-matten Hibiskusblüten, sorgfältig gepflegt, allabendlich gegossen von dem alten Majordomus – bis plötzlich ungewohnte Lichter das alte Herrenhaus erhellen, neue Gäste ihre Zimmer beziehen, die Stimme eines Fernsehsprechers erklingt, der Traum vom eigenen Landhaus am Meer zerrinnt –

Das Meer. Und die meerwärts gerichtete Sehnsucht. Und der im *Alentejo* hängengebliebene Fadoklang, der ans Meer strebt, dem Meer zustrebt, nicht ans Meer gelangt, sonst wäre ja die Sehnsucht dahin, die Wehmut weg, der schwermütige Klang ohne Zweck. Aufgelöst über den Wellen, in der heißen Sonne, zwischen den leuchtenden Felsen – der Schmerz; eingehüllt in Freude – die Sehnsucht. Also zurück ins Kernland der Wehmut. In den *Alentejo,* landeinwärts, vorbei an Korkeichen und Olivenhainen, Richtung *Évora,* Richtung *Marvão*, zu den portugiesischen Musterstädtchen im landestypischen Stil; weiß und leuchtend – die alten Häuser und Kirchen, die Laubengänge der *Praça do Giraldo* im Zentrum von *Évora,* die mittelalterlichen engen Gassen in *Marvão*. Der landeinwärts gerichtete Blick vom *Torre de Menagem* über die *Serra de São Mamede* über den *Alentejo* und *Estremoz* bis nach Spanien. Der dorfeinwärts gerichtete Blick in den Blumengarten vor der Kirche, auf die mit Blütenkörben und Pflanzentöpfen geschmückten Hauswände, die schmiedeeisernen Laternen über vertrocknenden Sonnenblumen, die duftenden Geranien –

Dennoch – Sie müssen verzeihen – werde ich Ihnen auf dieser unserer portugiesischen Verführung keine kunstgeschichtlichen oder historischen Details mehr berichten, auch nicht näher auf die Tatsache eingehen, daß *Évora* als „Weltkulturerbe“ unter dem Schutz der UNESCO steht, *Marvão* eine beeindruckende Kirche, zahlreiche andere sehenswerte Orte zahlreiche weitere Sehenswürdigkeiten aufzuweisen haben.

Gestatten Sie mir, die lusitanische Entführung mit Sonne und Wind zu beenden in der steten Sehnsucht nach dem Meer, den ungezähmten Atlantikwellen am Ende, am Anfang Europas, unter der weißen Sonne, welche mich wieder zurücktreibt, unerbittlich forttreibt von der heißen kargen Ebene an die karge, mäßig heiße Küste; zurück in den Westen, nach *Estremadura,* zu den bunten Fischerbooten auf dem hellen Sand, den roten Rumpf der Brandung zugewandt, die Planken feucht von der frühmorgendlichen Ausfahrt, Fangfahrt; zurück ans Meer, noch einmal ein Kap, *Cabo da Roca*, zum Abschluß, zum Aufbruch; noch einmal ein ultimativer Felsen, der westlichste Zipfel Europas, „wo das Land aufhört und das Meer beginnt“.

Der Abschied von Europa, der Aufbruch zu neuen Kontinenten auf dieser unserer Weltumrundung, Welterkundung, der westlichste Punkt des Kontinents, Sturm-zerzaust und wild, Gischt-gekraust und blau, der Atlantik, das weite, längst bezwungene, nie zu bezwingende Meer.

Aufregend und neu – die längst entdeckte, immer neu zu entdeckende, lockende Ferne.

Marokko

Zentrale Hochebene

Hoher Atlas

Sahara-Vorland

Das Geheimnis der Gleichzeitigkeit

Sie stehen vor einer relativ schmucklosen – nein, lassen Sie mich aufrichtig sein – Sie stehen vor einer ziemlich ärmlichen Hausfassade in einer schmalen, von Rinnsalen durchzogenen Gasse irgendwo in der Medina von *Fès el-Bali*, dem alten Teil der marokkanischen Königsstadt, haben sich – so scheint es - hoffnungslos verlaufen in dem engen Gewirr der Gassen und Gäßchen, gerade breit genug für einen Esel, mit Sicherheit nicht breit genug für einen Esel und einen Touristen – aus welchem Grund auch der Tourist ebenso wie der Bewohner von *Fès* dem Esel und seinem Treiber Platz machen, ausweichen müssen, sich gegen eine der schmucklosen Hausfassaden drängen, während der Esel, gefolgt von seinem Treiber und dessem lauten „balek“-Warnruf, die enge steile Gasse hinuntereilt. In offenen Sandalen – der Eselbesitzer, bekleidet mit dem knöchellangen Kapuzengewand aus grobem, grauweißem Stoff, ausgestattet mit einer Gerte und einer kräftigen Stimme, die sich den Weg zwischen den wenigen Zähnen hindurch in die Staub- und Gerüche-erfüllte Luft bahnt.

Ich darf kurz rekapitulieren, Ihre Reise einteilen in die Zeit vor der Sie nun erwartenden Erfahrung, Begegnung, festlichen Gemütsbewegung – v.FF., die Zeit vor dem Ihrer nun harrenden marokkanischen Fest in *Fès* – und n.FF. – die Zeit nach jener Begegnung mit den Genüssen und Gelüsten arabischer

Sinnenverführung, geträumter Berührung, somit also die Zeit der Fortsetzung Ihrer Reise aus dem engen Gassengewirr von *Fès el-Bali*. Arabische Altstadt. Am Rande des *Souk*.

v.FF.

Der ungestüme, Saphir-blaue Atlantik hat Sie an Land gespült, an die nordafrikanische Küste geworfen, hinter Ihnen ragt die weiße Silhouette der weißen Stadt *Rabat* in den tiefblauen Himmel, vor Ihnen schlagen hohe Wellen gegen mächtige Felsen.

Beinahe vertraut, der Anblick, auf den ersten Blick. Bis Ihre Augen die weißen Minarette sichten, an der hochaufragenden *Tour Hassan*, dem Vierkantminarett der unvollendeten großen Moschee hängenbleiben, sich in den Koransuren und Arabesken der mächtigen Tore in der mächtigen *Almohaden*-Stadtmauer verfangen. In *Rabat,* der Hauptstadt Marokkos, Ausgangspunkt für Ihre – meine – unsere erste Begegnung mit Afrika, dem arabischen Kulturkreis, den Reizen eines faszinierend vielfältigen Landes –

Sie unterbrechen mich barsch – sind natürlich weder „an Land gespült“ noch „an die Küste geworfen worden“, sind natürlich mit dem Flugzeug gelandet, verwehren sich entschieden gegen meine an Schiffbruch und Seemannsgarn erinnernden Wortspiele. Ich nehme Ihre Kritik zur Kenntnis und darf den Faden Ihrer – meiner – unserer Reise wieder aufnehmen.

Rabat – Sie fahren vom Flughafen in die *Ville Nouvelle*, die neue Stadt, lassen die *Medina* und die mächtigen Festungsmauern, die *Souks* und maurischen Prunkportale vorerst links oder rechts oder wo auch immer liegen, entsteigen Ihrem klapprigen Taxi vor einem der internationalen Luxushotels und harren der Dinge, die da kommen werden. Die mit Sicherheit nicht in die *Ville Nouvelle* kommen werden. Denn die *Villes Nouvelles*, die neuen, erst unter französischer Kolonialherrschaft errichteten Stadtteile werden Ihnen altarabischen Zauber verwehren, Sie jedoch mit Gärten und breiten Straßen und freundlichen kleinen Häuschen und unfreundlichen großen Betonburgen, mit Sonne und Wind verwöhnen. Welche Ihnen in den engen Gassen der *Medina* verwehrt bleiben wird. Die Sonne. Welche Sie durch das „Windtor“ verlassen werden. Die *Medina*. Durch das „Bab er-Rouah“, verziert mit Koransuren und Arabesken und Schmuckmuscheln, umgeben von Benzingestank und Lärm und Blechkolonnen, die auf der angrenzenden Durchzugsstraße nach *Casablanca* donnern, klappern, rütteln. Der Schritt durch das „Windtor“, nachdem Sie die *Medina* durchquert haben, eingetaucht, untergetaucht sind zwischen Schuhputzern und Händlern, Gewürzständen und Gemüseverkäufern, gestrandet sind vor den Toren der großen Moschee, die Sie als Nicht-Muslim nicht betreten dürfen; vorgedrungen sind in die *Kasbah des Oudaia*, eingedrungen in die weitläufige Festungsanlage, das eng gebaute Wohnviertel mit den weißen Flachdachhäusern unter Hitze-flimmerndem tiefblauem Himmel.

Mittelalterliches Arabien – treten Sie ein in den prachtvollen Garten, begegnen Sie der Kunst des Islam in den Palästen des Gartens, im Garten selbst – grün und Bäume-reich, von Wasserläufen durchzogen – ein Abbild des muslimischen Paradieses. In geometrischer Ordnung angelegt, schattig, kühl, harmonisch – von vollendeter Ästhetik. Der Garten, die Vorstellung vom Paradies – die Heimkehr zu den Lebensquellen aus den wüstenreichen Ländern des arabischen Halbmondes. Wenngleich die Wüste fern und die Frucht-tragenden Bäume nah sind, in *Rabat*. Die Dattelpalmen und Granatäpfel, Öl- und Zitrusbäume. Der Eingang ins vorerst irdische Paradies – durch die reich verzierten Spitztore und Rundtore der Paläste, in deren Museen erlesenes marokkanisches Kunsthandwerk Ihre Sinne begeistert. Der Schritt aus dunklen, schattigen, kachelverzierten, mit vollendeten geometrischen Mustern geschmückten Räumen in die heiße weiße Sonne, in den schattigen kühlen Garten mit den Wasserläufen und Brunnen. In die Begegnung mit der meditativen Kraft der formvollendeten islamischen Kunst.

Die Sie begeistert, verwirrt, entzückt, in höhere Sphären entrückt, die vollendete Harmonie; dennoch hat die Hitze Sie geschwächt, der Gang durch's Paradies Ihren Durst geweckt – möglicherweise nach Tee, arabischem Pfefferminztee, *thé à la menthe*, stark wie das Leben – das erste Glas, süß wie die Liebe – das zweite Glas, sanft wie der Tod – das dritte Glas – so das arabische Sprichwort, dessen Sie nicht gedenken werden, wenn Sie von der Aussichtsterrasse des „Café maure“ am Rande der *Kasbah* den Blick über den Fluß auf die ummauerte Altstadt von *Salé* schweifen lassen werden. Neugierig, leicht zu verführen, begierig auf neue Bilder und Eindrücke und Erfahrungen in der nordafrikanischen Stadt an der Atlantikküste. Noch lange nicht gerüstet für die Begegnung mit der tristen Hausfassade in der engen Gasse der mittelalterlichen *Medina* in *Fès*. Mit der hinter abweisender Mauer Sie erwartenden Verführung. Entführung.

Doch die unwiderstehliche Reiselust, Ihr unbegrenzter Wissensdurst lockt Sie bereits zu neuerlicher Begegnung mit muslimisch-arabischen Eindrücken, die Ihre Phantasie berücken, Ihre Sinne beflügeln, Ihr Vorstellungsvermögen weiten, Ihnen arabische Impressionen unterbreiten – in der *Mèdersa Abou el-Hassan*, Koranschule, in *Salé,* der Schwesterstadt *Rabats*.

Sie werden der Einladung auf der Marmortafel in der Westwand des Innenhofes Folge leisten, werden sich staunend auf die vor Ihnen liegende Fülle einlassen: „Betrachtet meine bewundernswerte Pforte! Erfreut euch an der bemerkenswerten Art meiner Konstruktion und an meinem wundervollen Innenraum …"

Marmor, schwarzes Holz, Gitterfenster, überquellende Ornamentik, Kalligraphie, Schnitzwerk rund um die kleine rosettenförmige Brunnenschale im Innenhof – ausgelegt mit bunten geometrischen Kachelmosaiken, von Säulen umrahmt, von Stuckdekor überragt, welches in die Bogeneinrahmungen aus dunklem Zedernholz mit Inschriftenbändern und Ornamenten unter den grün lasierten Dachziegeln hineinwächst. Sie sind erfreut, erfreuen sich an der Fülle der Formen und Muster, der Schriftzeichen und Ornamente, der Bögen und Pforten – symbolisch in die Stuckreihe gemeißelt, vom Innenhof in den Gebetsraum führend, die Rundbögen, nach oben weisenden Pforten, der symbolische Eingang ins muslimische Paradies. Überquellend an Fülle und Phantasie. Der Paradiesgarten der Muslime. Der steinerne Vorgarten der Koranschule. Unter den grün lasierten Dachziegeln. Gartenfarbe. Farbe des Propheten. Paradiesfarbe.

Sie stimmen sich ein, werden eingestimmt auf die verborgene Fülle, umschlossen von abweisenden, kahlen Fassaden. Das orientalische Geheimnis – in den Städten, den Häusern, der Wüste – das unscheinbare, abweisende Außen, hinter dem sich die Fülle, der Genuß, die Schönheit im Inneren versteckt, vor den Augen neugieriger, hastiger Betrachter verdeckt.

Doch nein, halt, habe vorgegriffen, bin ausgebrochen aus der Koranschule in die Fülle der Sie noch erwartenden Verführungen, habe vorgegriffen bis an den Rand der *Sahara,* bemühe mich, von Wüstenschwärmerei erfaßt, mich zu beherrschen, Sie vorerst noch durch marokkanische Königsstädte zu geleiten bevor – bevor wir im Wüstensand versinken, in Dünenschönheit ertrinken –

Zurück nach *Salé,* oder nein, zurück nach *Rabat,* in die *Chellah,* die Nekropole der *Meriniden,* von einer gewaltigen, Zinnen-gekrönten Mauer umschlossen. Sie betreten einen harmonischen weitläufigen Park, begegnen zahlreichen Störchen, die auf den Überresten einer alten *Mèdersa* in ihren Nestern stehen, sitzen, auf die Besucher der Nekropole herabblicken, die Aale in der nahen heiligen Quelle beäugen. Während Ihre Blicke auf den in der Abendsonne rötlich leuchtenden Ruinen verweilen, hängenbleiben an leuchtenden Blüten und Frucht-tragenden Bäumen, an den sich langsam färbenden Meereswolken unter Wind-zerrissenem Atlantikhimmel, bevor Sie sich aus der Nekropole zurückziehen, in die moderne orientalische Stadt zurückkehren – und mit geschärftem, sich entzauberndem Blick die Schattenseiten der orientalischen Verführung wahrnehmen – die sich angesichts der zahlreichen verschleierten Frauen enthüllende Verweigerung der Gleichberechtigung, die tristen Lebensumstände zahlreicher Kinder, die sich als Schuhputzer und fliegende Händler verdingen, bis spät in die Nacht versuchen, ein paar Dirham zu verdienen, die schlechten Lebens- und Überlebensbedingungen der VertreterInnen ärmerer sozialer Schichten, die wilden Müllhalden, verseuchten Böden, ungeklärten Abwässer der Stadt …

Sie verlassen *Rabat,* setzen Ihre Reise fort, nähern sich langsam aber unaufhörlich der unscheinbaren Hausfassade, füllen Ihre Sinne langsam aber unaufhörlich mit orientalischen Eindrücken – zum Beispiel in *Casablanca.* Sehr modern, beinahe westlich, südeuropäisch anmutend, die Wirtschaftsmetropole mit den nächtlich glitzernden Neonreklamen und den breiten *Avenues.* Dennoch finden Sie den Weg zu den *Souks,* in die alte *Medina,* und wieder zurück, ans Meer, zur neuen *Moschee Hassan II.*, dem modernen Monumentalbau, der in seiner

Größe nur von der Moschee in *Mekka* übertroffen wird; um in *Casablanca* dem Atlantik endgültig den Rücken zu kehren auf dieser Ihrer/unserer marokkanischen ReiseVerführung, Ihre Schritte Richtung *Mittlerer Atlas*, Richtung *Fès,* vorerst Richtung *Mèknes* zu lenken, Ihre Aufmerksamkeit den Macht- und Prachtphantasien des orientalischen Herrschers *Moulay Ismail*, der sich gerne mit *Louis XIV.*, dem französischen Sonnenkönig, verglich, zu schenken. In den gigantischen Speicheranlagen und Monumentalbauten, die Sie besichtigen, um Ihre Sinne mit orientalischer Prachtentfaltung zu füllen; um zum Ausgleich für soviel Prunk und Größenwahn vorübergehend in die Berge nach *Moulay Idris* zu entfliehen, in das bedeutendste marokkanische Wallfahrtszentrum, welches das Grab eines der direkten Nachfahren des Propheten birgt. Oder nach *Volubilis,* zu den römischen Ausgrabungen, eingestreut in herbe schroffe Landschaft unter weißer nordafrikanischer Sonne.

Bevor Sie von Ihren Ausflügen zu den Hängen des *Zerhoun-Massivs* wieder nach *Mèknes* zurückkehren, nach römischen Fußbodenmosaiken zwischen Mimosenbäumen und ätherischen Kräutern unter tiefblauem Himmel in die dunklen Gassen der *Souks* von *Mèknes* eintauchen, vor kunstvoll aufgetürmten Obst- und Gemüsepyramiden verweilen, vorsichtig über die in den feuchten Gassen sich sammelnden Gemüseabfälle steigen, in unterschiedlicher Intensität die zwischen Fleischabfällen und Rosenwasser schwankenden Gerüche wahrnehmen, durch verwinkelt verschlungene Gassen irren, sich in den *Souk* der Teppichverkäufer und Handwerker verirren, von einem eifrigen Teppichhändler in eines der Geschäfte gezogen werden, in einen langwierigen Dialog um Preis und Qualität der sich vor Ihnen entrollenden Teppiche verwickelt werden; während der Besitzer Sie mit Pfefferminztee bewirtet, Sie nach langem Feilschen und Handeln und Überzeugen und

Überzeugtwerden gerade noch dem beinahe unvermeidlich scheinenden Teppichkauf entkommen, vor einem Gewürzhändler endgültig Ihre Beherrschung verlieren, hemmungslos Safran und Kardamom und marokkanische Fischgewürzmischung und Couscousgewürz in kleine Plastiksäckchen abgefüllt akquirieren; umherirrend endlich den verwirrenden Markt verlassen, *Mèknes* verlassen, orientalischen Größenwahn hinter sich lassen. Neuerlich orientalischer Prachtentfaltung entgegenreisen. Von prunkvollen Mausoleen und eindrucksvollen Stadttoren und gigantischen Wehrmauern und Silos und Toranlagen aus dem 17. Jahrhundert ins arabische Mittelalter reisen. Ins Zentrum uralter Handwerkskunst. Hinter die Mauern einer uralten königlichen Stadt. *Fès. Fès el-Bali.* Es ist soweit. Bald. Zuerst allerdings müssen Sie Ihren Weg durch die mittelalterlich engen Gassen finden, sich zwischen Marokkanerinnen und Marokkanern, beladenen Eseln und überladenen Karren einen Weg durch den *Souk* bahnen, einen Weg aus dem *Souk* bahnen, um schließlich vor jener Hausfassade zu stranden, welche die Zeit Ihrer Reise in ein „Vor" und ein „Danach" teilt.

Sie stehen vor einer niedrigen Holztür, unverschlossen; zögern kurz, öffnen die schwere Tür, treten in einen gekachelten Raum, werden von einem freundlichen Marokkaner in weißer *djellabah* ins Innere des prunkvollen mehrstöckigen Bürgerpalastes, in die Mitte eines aufwendig geschmückten Festsaales geführt, in dem Araber und Nicht-Araber auf zahlreiche Kissen gebettet Wasserpfeife rauchen, Pfefferminztee trinken, Sie freundlich nickend willkommen heißen. Sie nehmen Platz auf den reich geschmückten, bestickten Kissen, während kunstvoll geformtes Tongeschirr über dem niedrigen Eßtisch verteilt wird, Musiker und Tänzerinnen den von Arkaden umgebenen Raum betreten, Flöten- und Lauten- und Trommelmusik erklingt, *pastilla* – das marokkanische Festtagsgericht, bestehend aus zahllosen dünnen, mit Mandelpaste und Täubchenfleisch gefüllten, mit Staubzucker bestreuten Teigschichten aufgetischt wird. Greifen Sie zu, mit den Fingern, Besteck ist bei einem orientalischen Festessen nicht vorgesehen, ebensowenig wie Wein oder andere alkoholische Getränke. Dafür eine Vielzahl an Gängen und Leckereien und ausgelassene Stimmung und vielfältigste Sinnenbetörung.

Sie sitzen liegend, liegen sitzend auf weichen Kissen, umgeben von Arabern, die sich auf Französisch oder Spanisch mit Ihnen unterhalten, Sie zu immer neuen arabischen Leckerbissen verführen, während die Klänge der Musiker fordernder, die Bewegungen der Tänzerinnen lasziver, die Stimmung der Festgäste ausgelassener werden, *couscous* und *tajhine* in großen dampfenden Schüsseln über den kunstvoll geschnitzten Holztisch wandern, der Raum sich mit dem Duft verschiedenster Essenzen füllt – Ihr arabischer Festbegleiter, Ihre arabische Festbegleiterin Ihnen zum Abschluß des ausgedehnten Festmahls Mandel- und Honiggebäck reicht, frische Orangen und Mandarinen in bunten Keramikschalen anbietet, während *thé à la menthe* in kunstvoll verzierte Teegläser gefüllt wird – die Musik durch den Raum wirbelt, die Tänzerinnen durch den Raum wirbeln, Sie sich auf Ihren Kissen zurücklehnen, die mehrstöckigen verzierten Arkaden über Ihnen, die in Schichten aufgelegten Teppiche unter Ihnen betrachten, vielleicht sogar einen tiefen Zug aus der Wasserpfeife wagen – und Ihrer Phantasie freien Lauf lassen, die Erfahrungen und Bilder Ihrer Reise durch Marokko, durch das maurisch beeinflußte Spanien, das einstmals maurische Portugal einschmelzen in die Klänge der Musik, in die verhüllenden, enthüllenden Bewegungen der Tänzerinnen – in die Stunden eines rauschenden, berauschenden marokkanischen Festes in einem der alten Bürgerhäuser in der *Medina* von *Fès*.

Irgendwann sind Sie in die *Ville Nouvelle* zurückgekehrt, irgendwie ist es Ihnen gelungen, den Weg aus dem Gassengewirr der *Medina* zu finden – nein, nicht Ihnen ist es gelungen, Ihr arabischer Festbegleiter, Ihre arabische Festbegleiterin hat Sie geführt, herausgeführt aus der mittelalterlichen Altstadt mit den alten prunkvollen Bürgerhäusern hinter schäbigen Fassaden in den staubigen, Rinnsal und Abfall-durchzogenen Gassen. Um Sie wieder ins 21. Jahrhundert zurückzugeleiten, aus dem alten Orient in den neuen Orient – nein – in den Orient der permanenten Gleichzeitigkeit der Epochen. Mittelalter und Neuzeit in einer Stadt, nebeneinander, die dunklen Gassen der Altstadt, die einfachen Märkte, die Eselkarren, die seit Jahrhunderten unveränderte traditionelle Kleidung – und das moderne Marokko, die Hochhäuser und breiten Straßen und quer die Gassen verspannenden Stromleitungen, die in Anzug und Krawatte durch die *Avenues* eilenden Geschäftsleute.

n.FF.
Die Begegnung mit der verborgenen Fülle hinter der abweisenden Fassade, Sie sind ihr erlegen, der Verführung, sind nun bereit für die Weiterreise durch den Orient, für die langsame aber unaufhörliche Annäherung an die Wüste, das heimliche Ziel Ihrer/unserer Reise, der nächsten Reise; sind nun eingeweiht in die verschlungenen Wege orientalischer Schönheit, werden sich nicht mehr von scheinbar abweisenden Fassaden, von scheinbarer Leere täuschen lassen, jetzt wo Sie die Fülle, den verborgenen Genuß hinter dem trügerischen Schein kennengelernt, erlebt, erfahren haben.

Doch genug der eindeutig weiterführenden, zur Wüste verführenden Deutungen, Bedeutungen, sind Sie doch schon längst weitergereist, aus dem *Fès* der Gleichzeitigkeit ins *Marrakèch* der Gleichzeitigkeit, von den Ölbaum-bewachsenen Hängen der sanften Hügel zu den Dattelpalmen des Südens am Rande des *Hohen Atlas*, aus der arabischen Stadt in die afrikanische Stadt. Richtung Wüste. Vorsahara.

Und während ich noch verfrüht von Dünen träume, machen Sie bereits einen ausgedehnten Abstecher in die *Dadès-Schlucht* zu den *Kasbahs,* den mächtigen Lehmburgen der Berber, wandern durch das wildzerklüftete Flußbett, nähern Sie sich auf reizvollen Umwegen den Dattelpalmen von *Marrakèch,* den roten Mauern unter tiefblauem Himmel, Wüstenhimmel.

Marrakèch – von Weltenbummlern liebevoll „Rote Perle" genannt, die Stadt mit dem altorientalischen Flair und der afrikanischen Atmosphäre am Rande der *Sahara,* mit den prächtigen Palästen und langgezogenen *Souks* und orientalisch-luxuriösen Hotels.

Bahnen Sie sich Souk-erfahren Ihren Weg durch die lebendig vibrierende, multikulturelle Stadt, zwischen Eselkarren und hupenden Autos, dunkelhäutigen Frauen in grellbunten Kleidern und hellhäutigen Wasserverkäufern in grellbunter Wasserverkäufer-Aufmachung. Öffnen Sie Ihre Sinne der nahen Wüste, dem Wind aus der Wüste, der über die Straßen und Gassen der Stadt weht, Staub aufwirbelt, die Sicht durch die großen roten Bögen in die engen dunklen Gassen der Altstadt entschärft; begeben Sie sich auf die Suche nach den Dattelpalmen, die zwischen rotem Stein und Staub in den Wüstenhimmel ragen, nach Gauklern und Wahrsagern, die die fremden blaßhäutigen Staunenden auf dem riesigen Platz *Djemaa El*

Fna zwischen Schlangenbeschwörern und Feuerschluckern bedrängen; entdecken Sie vereinzelt, sehr vereinzelt eine dunkelblau verhüllte, große, schlanke Gestalt, die zwischen Wind und Staub und rotem Stein und buntem Straßenleben auftaucht, unerschütterlich und blau durch die engen Gassen zieht, irgendwann mit dem Dunkel der engen Gassen der Altstadt verschmilzt. In der afrikanischen Stadt *Marrakèch,* Eingangstor ins Herz des Kontinents, Pforte nach Schwarzafrika.

Nun, es wird langsam Zeit sich einzustimmen, Sie endgültig vorzubereiten auf die nun bestetig und unaufhörlich sich nähernde Verführung, Versandung, Sinneswandlung. Vorerst noch im Vorland der *Sahara,* beispielsweise in *Zagora* – können Sie sich einstimmen auf die Wüste, vor einem alten Straßenschild aus der Zeit der Handelskarawanen, das den Weg nach *Timbuktu* weist, „Timbouctou 52 jours", 52 Tage, um in die berühmte Wüstenstadt *Malis* zu gelangen.

Wenngleich ich annehme, daß Sie dieser Einladung nicht Folge leisten werden, wenngleich ich hoffe, daß Sie sich dennoch den Ausläufern der Verführung auf dem Weg in die Oasen zwischen *Zagora* und der algerischen Grenze hingeben werden. Denn ab nun wird es heiß und steinig und sandig. Bereiten Sie sich darauf vor, stellen Sie sich darauf ein – und lassen Sie sich Zeit für die Wüste – und ihre verborgene Schönheit.

Darf Sie dann mit geschärften Sinnen und Übersinnen etwas weiter östlich erwarten, nein, nicht Algerien, leider, wage ich nicht Ihnen zuzumuten aufgrund der politischen Situation des Landes, wenngleich natürlich das *Hoggargebirge* rund um *Tamanrasset* und die großartige Steinwüste und die wundervollen Dünenlandschaften Sie verzaubern würden. Könnten.

Wenn Sie Ihnen begegnen würden. Werden Sie aber nicht. Zumindest nicht in meiner Ihnen hier vorliegenden Reisebegleitung. Nein, bin auf Ihre Sicherheit bedacht, daher treffen wir erst wieder in Tunesien aufeinander, zueinander, nähere Ortsbestimmung Wüste, *Sahara,* Dünen. Lassen Sie sich überraschen. Überraschen Sie mich nicht, indem Sie mir schon wieder zuvorkommen, schon wieder vor mir angekommen sind. Lassen Sie mir doch einmal den Vortritt. Und sei es auch nur in der Wüste. Gerade in der Wüste.

Tunesien

Sahara –

Grand Erg Oriental

Im Garten Allahs

Fußspuren auf dem Dünenkamm, die der langsam abflauende Abendwind in sanften Schleiern verweht, ins Dünental hinabweht, in die sanft geschwungenen schwarzen Schatten der mächtigen Düne trägt, die sich unter langsam sich entfärbendem Himmel mit Orange bekleidet, der rötlichen Wüstensonne Gold entzieht, während die Schatten allmählich die Wellenberge emporklettern, die scheinbar glatten Oberflächen der trügerischen, Konturen-auslöschenden Mittagssonne als sanft geschwungene Wellenlinien enttarnen.

Die Spuren sind verweht, die rote Sonne ertrinkt im glühenden Dünenmeer, jagt eine letzte Flamme über den Horizont, bevor das grelle Licht des Tages übergangslos in das scharfe Licht der Nacht übergeht, die grelle Wüstensonne dem hellen Mond und den ungebremst auf die Wüste herabfunkelnden Sternen das unablässige Leuchten der Wüste überläßt; klares Mondlicht, einen hellen Silberteppich über die Dünen breitend, sich in geschliffenen Sandkörnern brechend, zerbrechend an den scharfen Rändern der Dünenkämme.

Sie sind angekommen, in der Wüste – im Land des Lichts – im Zentrum der Schönheit und des Schreckens, in der großen unendlichen Leere, die das große unendliche Geheimnis birgt. Die Quelle, den Brunnen. Die Oase. Leben. Angekommen im

Grand Erg Oriental, Südtunesien; sind in der Oase *Douz* am Rande des *Chott el Djerid*, des großen Salzsees, nicht der Versuchung erlegen, in einen Geländewagen einzusteigen, der Sie gemeinsam mit zahlreichen anderen Touristen über die Pisten holpernd zur Motorenlärm-gebremsten Begegnung mit der Stille der *Sahara* rütteln wollte, haben sich vielmehr einem wüstenkundigen *Ghrib*-Nomaden anvertraut, der Sie zu Fuß, von Kamelen begleitet in die stille Weite der Dünen geführt hat, ausgerüstet mit Wasserflaschen und Proviant, ja sogar einer kleinen Kühlbox mit Bierdosen, welche Ihnen – oder mir? – den ersten *Sahara*-Abend mit vertrautem Geschmack auf der Zunge versüßen sollen.

Ihre Spuren sind verweht. Sie haben sich im Sand niedergelassen, spüren, wie die Sonnenhitze des Tages aus dem Sand in Ihren erhitzten Körper abstrahlt, vernehmen die sanfte Kühlung des Windes, der die mittägliche Hitze von 50 Grad bereits um 10 oder 15 Grad gedämpft, gemildert hat – und sind überwältigt – überwältigt von der Stille, den sanft geschwungenen, Mondleuchtenden Sandgebirgen, der unbegrenzten Weite vor Ihnen, über Ihnen – in Ihnen. Sind dem Zauber der Wüste erlegen, tief innen angekommen in der *Sahara* – im Land der Stille.

Sind Sie nicht? Weder angekommen noch erlegen? Weder der Schönheit und schon gar nicht der Stille? Fühlen sich eher beengt als geweitet von der unendlichen Weite, die Ihre Schritte bedrängt, an Ihrer Gelassenheit rüttelt, Ihnen jegliche Vertrautheit entreißt? Können das Gefühl der Freiheit in Ihrem unruhigen Inneren nicht ausfindig machen angesichts der unendlichen Leere im unendlichen Nichts?

Ich darf Sie beruhigen, Sie auf die kommende Nacht vertrösten oder vielleicht erst auf den morgigen Tag, wenn die

Zwänge des Vertrauten, die sich soeben Ihrer bemächtigen, in der weißen Glut der Wüstensonne schmelzen werden, wenn die zahlreichen Bilder, die Ihre Seele bevölkern und von denen Sie meinen, es wären die Ihren, über die hitzeweißen Dünen wehen, verwehen werden, ebenso wie Ihre Fußspuren, lautlos, klanglos in den Sand, in die Schatten geweht, um der großen Weite, dem unerbittlichen Licht Platz zu schaffen – das Sie befreien wird aus den Denkkonzepten und Gewohnheitsmustern Ihres westlich geprägten Alltagsbewußtseins. Keine Medienberichte, die Ihnen Wahrheit vorgaukeln, keine Bilderflut, die in Ihnen Scheinbedürfnisse wecken will, keine Annehmlichkeiten, die Ihnen die Freiheit rauben, Sie Ihrer inneren Wirklichkeit berauben. Stille, Weite, Leere, Licht – und die Freiheit von den Zwängen des scheinbar Unentbehrlichen, das sich in der Wüste als äußerst entbehrlich, ja sogar als äußerst hinderlich an der Verwirklichung der inneren Wirklichkeit erweist.

Zu hohe Wüsten-Erwartungen, erwartungsvolle Wüsten-Hoffnungen? Meinen Sie, warten Sie ab – und üben Sie sich in Geduld – eine jener unerläßlichen Eigenschaften für das Leben, das Überleben in der Wüste, ebenso wie Ausdauer und Bescheidenheit. Und Anpassungsvermögen. Äußerst unliebsame Eigenschaften in unserer westlichen Welt. Unerläßliche Eigenschaften in der Wüste, die sich nicht unsere Gesetze aufzwingen, sich nicht von unserem Eigenwillen bezwingen läßt. Geduld und der Wille zur Anpassung an die Vorgaben der Wüste, die Ihre Sinne weitet, hinter der scheinbaren Leere die unendliche Fülle an Formen und Farben, an Schönheit und Vollkommenheit freilegt.

Ja, natürlich, Sie haben recht, lebensbedrohlich, lebensfeindlich – aber dennoch nicht ohne Leben. Wenngleich unberührt.

Nicht von Menschen in Grenzen gefaßt, hinter Zäune gesperrt, verformt und genormt. Lebensfeindlich und dennoch von Leben erfüllt, von Schakalen und Wüstenfüchsen, Schlangen und Skorpionen, Käfern und Dürre-schlummernden Pflanzensamen. Von wandernden Nomaden und nur mehr vereinzelt ziehenden Karawanen. Von Menschen, die sich wie Sie und ich von Nomaden in die Wüste entführen lassen, aus dem Vertrauten in die Fremde aufbrechen, ausbrechen, um plötzlich die Fremde als das eigentlich Vertraute zu entdecken, um bei der Rückkehr zu den Dattelpalmen und Brunnen der Oase, bei der Rückkehr in die fremd gewordene Enge der Häuser und Städte plötzlich die vertraut gewordene Freiheit der Wüste zu vermissen.

Lebensfeindliche Wüste? Sie haben sich gegen die geteerte Piste, den Geländewagen, die Folklore am Lagerfeuer in internationaler Touristengruppe und für die hautnahe Begegnung mit der *Sahara* und der ihr eigenen Wirklichkeit entschieden. Haben die Herausforderung der Einsamkeit angenommen, sich nicht auf die gezähmte Wüstenerfahrung eingelassen, die Sie wieder mit all jenen Entbehrlichkeiten eingedeckt hätte, denen Sie möglicherweise gerade entkommen wollten. Sie haben richtig entschieden – nein, nicht ich maße mir an, über Ihre Entscheidungen zu urteilen, aber ich finde Ihre Entscheidung bestätigt, nicht bloß in meiner eigenen Erfahrung, sondern auch in einer alten Weisheit der *Tuareg,* die ich Ihnen angesichts der vollkommenen Schönheit (doch, ein letztes Mal, pardon, nur noch einmal lassen Sie mich meine Begeisterung in euphorische Worte fassen) – also, die alte Weisheit der *Tuareg,* die ich Ihnen nun angesichts des unbegrenzten Himmels über Ihnen, der endlos sanften Weite des Sandes vor Ihnen, der langsam sich weitenden Stille in Ihnen weitergeben darf: „Allah hat aus der Sahara alles Überflüssige entfernt, damit wir das wahre Wesen der Dinge erkennen können."

Das wahre Wesen der Dinge erkennen angesichts des unerbittlichen, unablässigen Lichts, der scharfen Schatten, der starken Kontraste, der unbegrenzten Weite, der extremen Hitze des Tages, der Kälte einer winterlichen Nacht, die ungebremst aus dem klaren, wolkenlosen Himmel auf die Erde, in die Wüste hinabstürzen. Angesichts der verborgenen Brunnen, der im Verborgenen lebenden Tiere und Pflanzensamen, der aus der Verborgenheit tretenden Nomaden und Karawanen. Wandernde, Heimatlose, deren Heimat die Wüste ist, die stets nur zu durchwandernde, nicht zum Verweilen einladende Wüste, auf der Suche nach dem Brunnen, der verborgenen Quelle, auf der Suche nach der Oase. Im Zentrum der Wüste.

Das Wesen der Dinge erkennen – ich darf mich zurückziehen, eine Düne weiterrücken, eine Düne näher an die *Sahara* heranrücken, mich einer ersten Lektion in Sachen Wahrnehmung unterziehen – Sie vorerst dem Mond, dem Wind, der Stille überlassen, während Ihr Wüsten-kundiger Begleiter bunte Decken in den Sand breitet, eine Feuerstelle einrichtet, die Vorderbeine der Kamele zusammenbindet, um diese von ausgiebigen Wüstenstreunereien abzuhalten, für Sie ein Zelt errichtet – wovon Sie ihn allerdings rasch abhalten sollten. Glauben Sie mir, verzichten Sie auf das Zelt, welches Sie des nächtlichen Ausblicks auf den großartigsten Sternenhimmel beraubt, den dieser Planet Ihnen zu bieten vermag. Verzichten Sie auf das Zelt, lassen Sie Ihre Blicke nicht beengen, bedrängen, lassen Sie sich von der *Sahara* verführen, entführen in die Weite eines unbegrenzten, unverstellten Horizonts.

Unbegrenzt.
Langsam klettert sie über die Dünen, die Sonne, malt zartes Rosa über den Nacht-grauen Sand, wirft weiche Schatten über

weiche Rundungen und Einbuchtungen und Ausformungen, über die der nie verstummende Wind seinen unerschöpflichen Gesang breitet, Linien malt, Formen verformt – der unermüdliche Gestalter der *Sahara,* der Schöpfer und Zerstörer, der Maler und Bildhauer, der Sänger und Dichter – soeben Geformtes mit Sand bedeckend, sorgfältig Gestaltetes in die Formlosigkeit wehend, Brunnen austrocknend, verborgene Brunnen freilegend. Im steten Wandel, in der steten Unberechenbarkeit seines Schöpfer- und Zerstörerwillens. Der Wind. Und seine unermüdlichen Liebeszeichen im Sand, verführerisch geschwungene Dünenkämme über lockenden, halbverborgenen Dünentälern; verfremdet durch das wandernde Licht über wanderndem Sand, die wandernden Schatten und fiktiven Bilder hitzeflimmernder Luft über dem glühenden Sand.

Sie verlassen die Düne, die Ihnen eine Wüstennacht lang ihre sanften Arme als Kissen unter Ihren hitzemüden Körper gebreitet hat, brechen auf, folgen Ihrem weiß verhüllten Wüstenführer, der langsam und sicher seine Schritte in den trügerischen Sand setzt, wagen die mühsame Berührung mit dem weichen Boden, der Ihnen von drei vorwärts gerichteten Schritten zwei Schrittlängen wieder wegfrißt, Sie zurücksinken läßt, Sie zu Ausdauer und Durchhaltevermögen zwingt auf Ihrem schweigsamen Weg durch ein glühendes Reich aus Licht, das alle überflüssigen Gedanken und Regungen aus Ihrem Kopf, Ihrem Herzen brennt, Sie reduziert auf Ihren Atem, den Rhythmus Ihres Schrittes, den Rhythmus der Wasserpausen – Sie reduziert auf ein reines Gewahrsein Ihrer selbst, in dem Sie sich möglicherweise lebendiger, intensiver, bewußter er-leben denn je zuvor.

Mittagspause unter dem Schattensegel des Zeltes. Die Hitze des Sandes, der heiße Wind, die Intensität der Sonne verwandeln die beinahe Schatten-freien Sandgebirge in ein weißes ruhiges Lichtmeer mit geglätteten Wellen, in das Sie Ihre Sinne versenken, eintauchen – untertauchen in einem hitzemüden halbwachen Bewußtsein, das irgendwo in seinen Außenbezirken, Innenbezirken die Hitze-glühende Stille wahrnimmt, in der alles Unwichtige verglüht, jede Unwesentlichkeit verlöscht, verdorrt – entwurzelt von der heißen weißen Sonne und dem heißen scharfen Wind.

Der Reiz der Verführung, der Zauber der Entführung auf einem Fußmarsch unter sengender Sonne durch den Hitze-glühenden Sand der *Sahara*?

Sie liegt in der absoluten Reduktion, die Verführung, in dem durch Wind und Sand und Licht hindurchscheinenden Wesen der Wüste, die sich nicht in Sand und Stein und Hitze und Glut erschöpft, zwischen Hitze und Sand und Licht ihre wahre Natur durchschimmern läßt – Frieden, ursprüngliche Reinheit und Schönheit – größtmöglicher Verzicht, der größtmögliche Freiheit schenkt.

Der Weg durch die Wüste. Die stets sich wandelnde Wüste. Die verwandelnde Wüste. Die keinen, der sich ihr nähert, ihr begegnet, unverwandelt, unverändert wieder entläßt in die weite Welt des Habens und Begehrens und Wünschens und Wollens.

Der Weg durch die verwandelnde, stets sich wandelnde Wüste. Land des nie verlöschenden Lichts, das die unbegrenzte Weite mit ständig wechselnden Farben und Stimmungen überzieht, einzieht in das Wesen des Wanderers mit der heißen Glut des Mittags, der stillen Schönheit des in goldenem Rot erglühenden Abends, der Geborgenheit der kühlenden, Lichter-funkelnden Nacht, dem sanften Frieden des rötlich schimmernden Morgens.

Sie sind zurückgekehrt. (Sind Sie zurückgekehrt?) Haben die Oase erreicht, die Wüste liegt hinter Ihnen – vor Ihnen das Grün der Dattelpalmen, die Bewässerungskanäle und Brunnen der Oase, die weißen Häuser und belebten Straßen. Sie kehren zurück aus der Welt der Abstraktionen ins direkte sinnliche Erleben – lassen Ihre Blicke an den wogenden Blättern der Dattelpalmen kleben, an dem üppig leuchtenden Grün, lebendig und Saft-durchflossen, genießen den Geschmack frischer kühler Getränke, nachdem Sie Ihren Körper tagelang mit Sonnen-warmem Wasser aus Sonnen-erhitzten Plastikflaschen vor dem Verdunsten, Vertrocknen bewahrt haben, öffnen Ihre Poren in den kühlen Tiefen des Hotelswimmingpools, nachdem Sie mit einer ausgiebigen Dusche die Sand- und Salzschichten von Ihrer Haut gespült haben.

Strecken sich Sonnen-geschützt durch die leuchtend grünen Blätter der Dattelpalmen auf der Sonnenterrasse Ihres Hotels in *Tozeur* unter den tiefblauen Wüstenhimmel und erleben in außergewöhnlicher Intensität die sinnlichen Genüsse der Farben, des Wassers, der Annehmlichkeiten am Rande der Wüste. Der Sinne und Übersinne schärfenden Wüste.

Sie haben die Oase erreicht, sind aus der Wüste in die Oase zurückgekehrt.

Erfahren die Oase als Heimkehr aus der Wüste, nicht als Annäherung an die Wüste auf einer touristischen Reiseroute, die neben den großen Städten und Touristenzentren und Badeorten rasch noch die Oasen, die Ausläufer der Wüste streift.

Oasen am Rande der Wüste. *Tozeur* und *Nefta* am Rande des *Grand Erg. Midès* und *Tamerza* in der angrenzenden Bergwüste; verwinkelte, lehmfarbene Dörfer, die ihre Existenz im Bergland entspringenden Quellen verdanken, eingebettet zwischen tiefen Schluchten und dichten Palmenhainen.

Mittlerweile sind Sie an frühmorgendliches Aufstehen gewöhnt, haben Sie doch in der Wüste den Tag mit dem Aufgang der Sonne begrüßt, können somit noch einmal dieser Ihrer Sahara-bedingten neuen Gewohnheit Folge leisten und knapp vor Sonnenaufgang den Weg aus Ihrem Hotel in die Oase antreten, zum Beispiel in *Nefta,* der beinahe noch ursprünglichen Sahara-Oase mit den Kuppel-gedeckten weißen Häusern, den mit Lehmziegelornamenten verzierten Fassaden, den überwölbten Gassen, der üppigen Dattelpalmenoase im Palmenhain der *Corbeille,* durch die sich verschlungene Sandwege zwischen Palmen und Bewässerungskanälen ziehen. Streifen Sie in der Touristen-stillen Morgendämmerung durch die engen weißen Gassen, vorbei an den zahlreichen Moscheen und *Marabouts,* lassen Sie sich entführen vom Ruf des Muezzin, der aus den weißen Minaretten der Oase über die Dächer der Häuser, den Palmenhain Richtung Wüste, Richtung Dünen schwebt, machen Sie in einiger Entfernung halt vor dem alten Mann in weißer *djellabah,* der vor dem Eingang der Moschee am Boden sitzt, das große alte Buch, die Weisungen des Propheten, die Weisungen Allahs vor sich auf ein altes hölzernes Gestell, ein kunstvoll geschnitztes Lesepult gelegt, als der Ruf des Muezzin erklingt, die Lektüre unterbricht, den Anhänger Allahs aus der Versenkung ins Innere der Moschee ruft – die Bewohner der Oase weckt, das sanfte Rot der Sonne ankündigt.

Zurückgekehrt aus der Wüste. Sind Sie wirklich zurückgekehrt? Schweift Ihr Blick, verführt vom rötlichen Schimmer der langsam erwachenden Sonne nicht soeben wieder ab von der Oase, von den weißen Mauern und engen Häusern Richtung Dünen, Richtung Wüste, Richtung Stille und Weite und Licht? Wendet sich Ihr Ohr, verführt vom Ruf des Muezzin nicht heimlich ab von den Klängen der Häuser und Straßen, der Geschäftigkeit und Betriebsamkeit am Rande der Wüste, öffnet es sich nicht soeben wieder dem Klang des Windes und dem sanften Rieseln des Sandes über dem weiten, rötlich erwachenden Wellenmeer, Dünenmeer?

Sie sind zurückgekehrt aus der Wüste, sind nicht wirklich zurückgekehrt, auch wenn Sie nun rasch den Blick von den Dünen ab und den saftig leuchtenden Dattelpalmen, den Bewässerungskanälen und Brunnen zuwenden. Nein, Ihre erwachten Augen lassen sich nicht täuschen von der Lebendigkeit vortäuschenden Geschäftigkeit der erwachenden Oase, Ihr Wüsten-geprägtes, nach Innen gewandtes Ohr sich nicht ablenken durch die Geräusche der langsam erwachenden Straßen und Gassen.

Sie sind zurückgekehrt aus der Wüste, und dennoch hat die Wüste Sie geprägt, sich Ihnen eingeprägt, Sie befreit von unnötigem Ballast, von überflüssigem Gepäck, hat Sie auf Ihrem langen weiten Weg durch Sand und Dünen, Hitze und Licht zu den verborgen sprudelnden Quellen und leuchtenden Oasen im Zentrum der Dünen, weit hinter den Dünen, über den Dünen, der Sonne, des Windes, der Hitze geführt, verführt in die Begegnung mit den Sehnsucht-kühlenden Brunnen, den nach Freiheit schmeckenden Früchten der Palmen im Zentrum Ihres Herzens, im hitzeflimmernden Zentrum des Gartens Allahs.

Israel

Totes Meer

Wüste Juda

Jerusalem

Galiläa

Negev

Halbinsel Sinai Ägypten

Historische Begegnungen und zeitlose Erfahrungen

Sie liegen. Auf dem Wasser. Ausgestreckt. Den Blick auf den wolkenlosen Wüstenhimmel gerichtet, Arme und Beine sorglos von sich gereckt. Reglos ausgestreckt. Und sehr entspannt. Wenngleich ein wenig ätzend. Das Wasser. Bei zu ausgedehntem Gebrauch ein wenig zersetzend. Ihre Haut. Das Wasser.

Nein, Sie irren sich, bin in meiner Wüsteneuphorie nicht etwa in *Tozeur* am Rande der Wüste hängengeblieben, auf einer Luftmatratze im überchlorierten Swimmingpool liegengeblieben; weder *Sahara* noch Luftmatratze noch *Tozeur,* vielmehr Israel, *En Gedi* und *Totes Meer*. Am Rande der *Wüste Juda*. Auf wasserdurchsetztem Salz, äußerst salzhaltigem Wasser liegend. Sie. Oder ich? Am Rande der Wüste im *Toten Meer.* Unweit der Festung *Massada,* Zeichen unerschütterlichen jüdischen Widerstands. Massenselbstmord-Festung. Auf der römische Eroberer nach dem Fall der Festung 960 Leichen vorfanden, jüdische Nationalisten, die mittels Selbstmord der römischen Sklaverei zu entgehen trachteten. 73 n. Chr.

Mäßig verführerische Aussichten, Einsichten – so scheint es – versalzenes, totes Meer, rauhe Wüste und herbe, selbstmörderische Festungen. Oder auch – leuchtend blaues Meer umrahmt von ockerfarbenen Wüstenfelsen und Wüstenbergen und Dattelpalmen und Oasen und Wasserfällen – in *En Gedi*, Naturschutzgebiet am Ufer des *Toten Meeres*. Je nach Wahl Ihres Blickwinkels, Sichtwinkels, wenn Sie unter dem Wasserfall des *Nahal David* auf die ockerfarbenen, entlang des Flusses grün durchflochtenen Wüstenfelsen des judäischen Berglandes blicken, oder Richtung Jordanien auf das funkelnde, Salz-schwere Meer. Wenn Sie durch die Schlucht des *Nahal Arugot* wandern, am Flußbett entlang tief hinein in die Wüstenfelsen klettern, einen Vorgeschmack erhalten auf Ihnen in dieser ReiseVerführung noch bevorstehende Wüstenabenteuer, *Sinai*-Abenteuer. Doch davon später. Nach ausgiebiger, Hitzereicher, Blickwinkel-verändernder Wanderung durch beeindruckende Wüstenschluchten zurück zu den salzreichen Wellen des von zahlreichen Mikroorganismen belebten *Toten Meeres*. Reglose Entspannungspause unter blauem Wüstenhimmel. Wenngleich – Sie wissen schon – zu häufig und zu ausgiebig eher vertrocknend als befeuchtend. Das Wasser. Ihre Haut.

Dennoch – so sagt mir meine mittlerweile bereits sich mehrende Erfahrung, meine Sie begleitende Reiseintuition auf dieser unserer gemeinsamen Reiseentführung, Verführung – wird Ihnen die Wüste schon bald zu leer und das Meer zu schwer und Sie werden beschließen aufzubrechen, die eng gewordene Küstenfelsbarriere Richtung Jerusalem zu durchbrechen, zuvor jedoch Richtung *Qumran* und *Wadi Quelt* und *Nabi Musa* auszubrechen. Ist wahrscheinlich überflüssig, Ihnen zu berichten, Sie näher einzuführen in die Texte der alten Schriftrollen der *Essener,* die in den Höhlen von *Qumran* entdeckt wurden und nun im „Schrein des Buches“ in *Jerusalem* zu bestaunen sind; weshalb Sie auch nur leere Höhlen und freigelegte Klostergrundmauern und Ruinenreste der Essenersiedlung zu Gesicht bekommen werden auf Ihrem Zwischenstop in *Qumran,* auf Ihrer Fahrt durch die Wüste, auf dem Weg nach *Jerusalem,* vorläufiges Ziel *Nabi Musa*. Und *Wadi Qelt*.

Sie fahren unter weißer Wüstensonne auf gut asphaltierter Straße Richtung *Jerusalem,* entdecken ein Verkehrsschild, das Sie plötzlich von Ihrem Weg nach *Jerusalem* abbringen, Sie hineinlocken will in sanfte Wüstenhügel mit pastellfarbenen Wüstensteinen, hinauflocken auf einen sanft geschwungenen Wüstenberg mit einsam weißer Moschee unter weißer Sonne mit Blick nach Jordanien, auf den Berg *Nebo*, gemäß den Schriften des Deuteronomiums der Sterbeplatz Moses'. Ein Ausblick auf einen 30 km entfernt liegenden Berggipfel jenseits der Grenze? Lockt Sie nicht in die Wüste. Meinen Sie. Ahnen Sie nicht, welche Anblicke Ihnen entgehen, sollten Sie der zu Beginn noch gut asphaltierten Straße nicht folgen, bereits am *Nabi Musa* oder gar schon zuvor umkehren, anstatt sich weitere zehn oder elf Kurven tiefer in die sich stetig wandelnde, von zahlreichen rötlichen und goldenen und ockerfarbenen Farbschattierungen überzogene, in eleganten Falten und sanften Schwüngen sich werfende Wüste hineinzuschlängeln. Werden doch nicht gar unbegründete Schlangenängste Sie von einer kurzen Wüstenschnuppertour abhalten, wo Sie doch zu Fuß bereits die *Sahara* durchquert haben – oder zumindest einen kleinen Ausschnitt des großen *Erg Oriental* im relativ kleinen Saharagebiet Tunesiens.

Wadi Qelt Bereits ein Stück näher an *Jerusalem* herangerückt. Sie lassen Ihren Wagen am Eingang der Schlucht stehen und begeben sich in die Tiefe, steigen hinunter zu den hellblau leuchtenden Kuppeln des Wüstenstein-farbenen, griechisch-orthodoxen *St. Georgs-Klosters*, betreten den Gebäudekomplex durch ein kleines Tor in der Festungsmauer und sind beeindruckt, Situations- und Anblicks-bedingt beeindruckt, selbst für den Fall, daß Sie zu jener zweifelsohne verschwindend geringen Anzahl von MenschInnen gehören sollten, die die Wüste kalt und die Oasenschönheit unberührt läßt; sind Sie beeindruckt von der Stille des Ortes, von der außergewöhnlichen Lage des Klosters zwischen den steilen Hängen der von *Jerusalem* nach *Jericho* verlaufenden engen Schlucht (die Sie auch zu Fuß durchqueren können, sollten), von dem blühenden Garten über dem auf ein schmales Rinnsal zusammengeschmolzenen, vertrockneten Fluß. Erstaunt beim Anblick der zahlreichen, unwirtlichen Höhlen in den steilen Schluchtwänden, in die sich seit frühchristlicher Zeit Wüsteneremiten und Mönche zurückgezogen haben, bis heute zurückziehen; begeistert von den üppig grünen Zypressen und Maulbeerbäumen, den Dattelpalmen und Ölbäumen, die den Hang flußaufwärts zu den Klostermauern emporklettern. Freudig überrascht von der Gastfreundschaft der Mönche, die Sie mit kühler Limonade verwöhnen, Ihnen einen schattigen Platz im Innenhof des Klosters mit Blick über die Schlucht anbieten. Wüstenkloster-Erfahrung. Zur Einstimmung in den *Sinai*. Genießen Sie die stille Abgeschiedenheit des *Wadi Quelt*, die Ihnen im *Katharinenkloster* am Fuße des *Mosesberges* verwehrt bleiben wird. Vorläufig verwehrt. Die Stille. Im direkten Umfeld des Touristen-überlaufenen Klosters. Doch davon später. Pardon, ich weiß, nähre Ihre Vorurteile in Hinblick auf meine – mir von Ihnen unterstellte – Wüstenfixierung, wo doch unweit der Wüste eine der beeindruckendsten, vielfältigsten Städte der Welt Ihrer/meiner/unser harrt. Eben nicht *Kairo,* nein, weit entfernt vom *Sinai; Jerusalem,* heilige Stadt der monotheistischen Weltreligionen, faszinierender Schnittpunkt von Orient und Okzident; moderne westliche Metropole und Jahrtausende-alte orientalische Stadt.

Erste Begegnung mit *Jerusalem,* vom arabischen *Ölberg* aus, mit Blick auf die Sonne, möglicherweise soeben über *Jerusalem* sich hinter der Kuppel des *Felsendoms* von der nördlichen Erdhalbkugel verabschiedend. Die Sonne. Oder im israelischen Westteil der Stadt, in den belebten, beinahe mediterran anmutenden Straßenzügen der Neustadt. Die geteilte Stadt, die Sie zur Entscheidung zwingt zwischen einem arabischen Quartier im Osten oder einem israelischen Quartier im Westen. Sie unaufhörlich mit unterschiedlichen Erfahrungen, einander häufig widersprechenden, durch Straßenzüge voneinander abgegrenzten Gedanken- und Lebenswelten konfrontiert; Sie aus arabischen *Souks* in christliche Kirchen, zu alten Synagogen, über römische Mosaike zu kanaanitischen Zitadellenresten und Patriarchengräbern auf Entdeckungsreise gehen läßt. Die heilige Stadt. Aus dem moslemischen ins christliche, aus dem armenischen ins jüdische Viertel der Altstadt; aus dem ultraorthodoxen jüdischen *Mea Sharim* in die russischen und abessinischen und bucharischen Straßenzüge der östlichen Neustadt, in den israelisch-europäisch-westlichen Stadtteil rund um die *Knesset.*

Die Welt in einer Stadt. Beinahe wie *New York*, wenngleich natürlich ganz anders als *New York*. Die Welt in einer Stadt zusammengedrängt, aneinandergeschmiegt, gegeneinandergesetzt. In Jerusalem.

Wo beginnen? Zwischen den muslimischen Gewürz- und Andenkenverkäufern auf der christlichen *Via Dolorosa*? Auf dem umstrittenen Tempelberg im moslemischen Felsendom über der alten jüdischen Klagemauer? Im armenischen Viertel vor der Jakobuskathedrale oder in einem der mit zahlreichen bunten Kacheln geschmückten kleinen Lokale? Verwirrende Fülle – am besten, Sie begegnen ihr möglichst gelassen, der Verwirrung angesichts der Fülle einander sich gegenseitig ausschließender, einander sich ergänzender Wirklichkeiten. Die gelassene, möglichst Erwartungs-freie Begegnung mit den Jerusalem-Welten als Einstimmung für die uns noch erwartenden, bevorstehenden, von verwirrender Fülle geprägten asiatischen ReiseVerführungen. In Indien. Oder Japan. Oder Indonesien.

Asien. Wir haben den Kontinent gewechselt, sind unmerklich nach Asien übergewechselt, wenngleich wir noch einmal nach Afrika zurückkehren werden, bereits auf dieser unserer Israelreise nach Ägypten aufbrechen werden. In den *Sinai*, in die –

Nein, kein Wort über die Wüste angesichts der Farben- und Bilder- und Abwechslungs-reichen, Welten in sich vereinenden, Welten ausgrenzenden, uralten Stadt.

Sie sind über alte Stadtmauern gewandert, haben Patriarchengräber im *Kidrontal* besichtigt, den *Zionsberg* erklommen, Moscheen besucht, sich in die Schlange der Pilger vor der *Grabeskirche* gereiht; haben in wenigen Stunden Jahrtausende durchquert, sind den materiellen Bezugspunkten spiritueller Wirklichkeiten begegnet – wenngleich Sie möglicherweise den spirituellen Wirklichkeiten erst außerhalb der in der Materie festgelegten Bezugspunkte begegnen werden, begegnet sind; beispielsweise im Garten der Kirche *Dominus Flevit* auf halber Höhe des *Ölbergs* oder vor dem alten jüdischen Friedhof mit Blick auf die heilige Stadt. Vielleicht auch erst in *En Kerem*, dem kleinen Dorf am Rande *Jerusalems,* irgendwo zwischen Ölbäumen und Weinreben. Mit Blick auf Jerusalem-Himmel, Jerusalem-Wolken, Jerusalem-Sonne. Erlauben Sie, gestatten Sie mir, eine weitere Besonderheit Jerusalems neben all den Synagogen und Moscheen und Kirchen und ehrwürdigen Denkmälern und Heiligtümern zu erwähnen. Das Licht über Jerusalem. Das außergewöhnliche Licht über der 800 m hoch gelegenen Stadt am Rande der Wüste. Vielleicht – ich wage trotz der zu erwartenden Widersprüche diese meine Empfindung auf's Papier zu stellen, legen, setzen – vielleicht liegt der eigentliche Zauber, die eigentliche Verführung *Jerusalems* in eben diesem besonderen Licht, gebrochen an sanften Nachmittagspastell-Wolken, in leuchtenden Abendgoldrot-Wolken, zurückgestrahlt von silbernen und goldenen Kuppeln, von den Wüsten-farbenen Häusern und Mauern der Stadt. Das Licht über *Jerusalem* – welches Sie in seiner vollen Entfaltung somit nur an erhöhten Orten, auf Hügelkuppen und unverbauten Plätzen erleben können – *Ölberg, Zionsberg, Tempelberg,* vor dem *Schrein des Buches*, in *En Kerem* …

Jerusalem-Licht und leuchtende, brennende, verglühende Jerusalem-Wolken. Und Bethlehem-Wolken. Sollten Sie erleben, einen Frühlings-Sonnenuntergang mit leicht Wolken-verhangenem Himmel über *Bethlehem.* In allen Schattierungen von Orangerot und Rosa und Rot. In allen Leucht- und Strahl- und Reflexionsfacetten der Farben, des Himmels, der Sonne. Die Wolken. Über *Bethlehem. Geburtskirche.* Oder über den Feldern, über welchen einst ein Stern den Weg in eine neue Epoche der Geschichte gewiesen hat. Leuchtend. Erhellen sich so manche Hintergründe, Vordergründe in Hinblick auf den leuchtenden Stern, angesichts des leuchtstarken, leuchtkräftigen, Licht-überfluteten Himmels über *Bethlehem.* Und *Jerusalem.* Ost und West und jüdisch und christlich und muslimisch. Der Himmel. Die Stadt. Mit dem außergewöhnlichen Licht.

Womit Sie mittlerweile wieder an einem Grenzpunkt, Entscheidungspunkt angelangt sind – im arabischen *Bethlehem* unter leuchtendem Himmel mit Blick auf *Jerusalem* sich in Hinblick auf die Fortsetzung Ihrer Reise entscheiden, die Wahl

Ihres weiteren Weges durch Israel treffen müssen – zu den christlichen Stätten *Galiläas,* in die sinnenfrohen Küstenstädte *Haifa* und *Tel Aviv* oder zu den nabatäischen Ruinen im *Negev* – um in weiterer Folge, nach kurzem Zwischenstop in *Eilat* an den Stränden des *Roten,* bei weitem nicht toten, sehr lebendigen, Fisch- und Korallen-reichen *Meeres* schließlich in den *Sinai* einzuziehen. In umgekehrter Reihenfolge. In Hinblick auf Ihre historischen Vorgänger, Wüstendurchwanderer, Wüstendurchquerer, die aus der Wüste ins *Gelobte Land* zogen, während Sie aus dem *Gelobten Land* in die Wüste streben. Verführt und verleitet durch meinen omnipräsenten Wüsten-Einfluß.

Galiläa. Verstehe. Grüne Hügel und stiller See – viel Wasser und subtropische Vegetation, Möwen und Reiher. *Jordan* und fruchtbares Jordantal, *Kibbuzim* und angenehme Hotels, Grabstätten berühmter Rabbis und Talmudlehrer und die Wirkstätten des großen Seelen-Revolutionärs, Liebe-Revolutionärs. *Tiberias, Kafarnaum,* der *Berg der Seligpreisungen;* ein Ausflug nach *Zefat,* in die Stadt der jüdischen Mystik, zu den zahlreichen Ateliers und Galerien zeitgenössischer israelischer Kunst. Ein Abstecher nach *Nazareth,* ins muslimisch geprägte *Nazareth* und auf den christlich geprägten Berg *Tabor.* Mit Ausblick auf die weite *Jezreel-Ebene.* Mit Einblick in die Innendimension einer verwandelten, gewandelten Sichtweise – auf dem *Berg Tabor* – dargestellt, ins äußere Bild gefaßt im Altarbild der lateinischen Kirche, *Verklärungskirche* auf der Spitze des Berges. Welche Sie auf sich wirken lassen sollten – das Bild und die Kirche und die Atmosphäre des Ortes. Nach Möglichkeit in Stille, kurz vor Sonnenuntergang, wenn der Großteil der Besucher und Pilger in Bussen sitzend talwärts strebt, wenn der Gesang der Zikaden nicht länger von Menschenstimmen übertönt wird, wenn Sie den Zug der Vögel – etwa gar Tauben? weiße, der Sonne entgegenfliegende, der Sonne zufliegende Tauben? – im sanften Rauschen der Pinien beobachten können – vor den Toren der Kirche oder in einer der langgezogenen, auf die Spitze des Berges führenden Kurven.

Tabor. Werden Sie noch einmal begegnen, der Darstellung der gewandelten, verwandelnden Weltsicht. Über dem Eingang der alten byzantinischen Kirche des *Katharinenklosters,* unweit des materiellen Bezugspunktes zum *Brennenden Dornbusch* – im Wüstenkloster, Sinaikloster. Im Schatten des *Mosesberges.* Mit geweitetem Blick werden Sie dem Taborerlebnis begegnen, in der Malerei auf der alten Kirchenwand, im *Sinai,* in der Wüste. Mit geschärften Augen, bereits eingeübt in die zahlreichen Begegnungen mit den materiellen Bezugspunkten spiritueller Wirklichkeiten auf Ihrer langen Reise durch Israel. Durch *Jerusalem* und *Galiläa.* Und den *Negev.* Welchem Sie sich mittlerweile nähern, nachdem Sie in *Haifa* und vielleicht auch *Tel Aviv* vielfältiges israelisches Stadtleben genossen, in *Akko* die Bauten der Kreuzfahrer, in *Caesarea* die Überreste römischer Aquädukte besucht, besichtigt haben. Sich vorübergehend von den materiellen Bezugspunkten spiritueller Wirklichkeiten abgewandt haben (in Hinblick auf heilige historische Orte und Bauten im Geschichts-reichen Israel), um sich nun dem Anblick von Ibex-Steinböcken auf den steilen Hängen nahe der Quelle von *En Avedat* zuzuwenden. Bevor Sie weiterreisen, nach *Avedat,* von der *Akropolis der Nabatäer* in die von Strommasten und Straßen zerteilte Negevwüste blicken, in *Shivta* über verlassene Tempelruinen klettern, in *Eilat* schließlich Abschied nehmen von Israel, von Wasser und Meer, bunten Unterwasserwelten und etwas eintönig verbauten Oberwasserwelten.

Aufbruch in die Wüste. Noch einmal. Ein letztes Mal auf diese unserer gemeinsamen ReiseVerführung. Ein letztes Mal?

Sinai. Ägypten. Durch die Wüste. Nicht zu Fuß, noch nicht, sondern vorerst mit einem Geländewagen die Küste entlang, möglicherweise unterbrochen von einem letzten, wirklich allerletzten Meeres-Zwischenstop in *Nuweiba,* um schließlich einzudringen in die wilde, schroffe Berglandschaft des *Sinai,* vorzudringen aus der Sand-durchzogenen Küstenwüste zu den mächtigen Felsmassiven rund um den *Mosesberg,* rund um das *Katharinenkloster.*

Ich nehme an, Sie sind erstaunt, haben wahrscheinlich nicht erwartet, daß die Wüste so zahlreiche Formen der Verführung für Sie bereithalten, Sie nach der Begegnung mit leuchtenden, sanft geschwungenen Dünenkämmen nun mit der schroffen, herben, überwältigenden Stein- und Berglandschaft des *Sinai* begeistern wird. In die Sie soeben hineinwandern. Mittlerweile bereits wieder zu Fuß. Ausgehend, fortstrebend vom *Katharinenkloster.* Möglicherweise mit Proviant und Wasser für einen längeren Wüstenaufenthalt ausgestattet. Da Sie ihr bereits wieder erlegen sind, der Wüste, der Stille, der Hitze, der Weite; ihrer unerbittlichen Anziehungskraft; auf dem Weg zum Gipfel, mit vereinzelten Rückblicken auf die Zypressen-umrahmte Klosteroase zwischen mächtigen Felswänden unter tiefblauem Wüstenhimmel. Bis die Oase sich endgültig hinter einer Felsbiegung verbirgt und die schroffe, Schatten-lose Bergspitze Sie nach oben, Richtung tiefblauer Himmel, Richtung Sonne lockt.

Mosesberg. Sie sind angekommen, blicken auf den grenzenlosen Steingarten unter Ihnen, die schroffen Gipfel der Sie umgebenden Berge neben Ihnen, die tiefen Steintäler, die Schatten- und Sonnenmuster auf den ockerfarbenen Felsen unter Ihnen.

Wozu könnte ich Sie nun – angesichts dieses vollkommenen Ausblicks, Anblicks noch verführen, wohin Sie entführen nach diesem Licht-reichen Gipfelerlebnis? In die den *Mosesberg* umgebende Wüste, in die Schlucht der Eremiten, auf die *Eliasmulde,* auf den Gipfel des benachbarten *Katharinenberges* – könnte ich Sie entführen, wenngleich ich die Führung hiermit abgebe, einem Beduinen übergebe – der Ihnen die stillen Pfade und Wege durch die Wüste weist, Ihnen neue Wüsteneinblicke und Gipfelausblicke gewährt, Ihren Orientierungssinn schärft – bis Sie auf Ihren eigenen Spuren in ungestörter Stille der Wüste neuerlich begegnen, ohne Begleitung vordringen in die Licht- und Schattenlandschaften des *Sinai* – zu den verborgen liegenden Quellen im steinernen Garten *Jahwes.*

Namibia

Etoschapfanne
Skelettküste
Namib
Ovamboland

Im Land der Regenmacher

Afrika, südwestliches Afrika, metallblauer Himmel, fahle, sehr heiße Frühnachmittags-Spätmittagssonne, eine staubige Piste, eine kurze Reifenspur neben der Piste im gelbgrünen Buschgras, ein weißes Geländefahrzeug, bereits seit mehreren Tagen Savannen-erprobt, eine Kühlbox gefüllt mit *Windhoek*-Bierdosen, ein halbschattiger Mopanebaum.

Hatten wir schon, ich weiß, nicht den Baum, die Kühlbox, etwas weiter nördlich, ich weiß, selber Kontinent, anderer Breitengrad, hatten wir schon, die Kühlbox, jedoch nicht mit *Windhoek*-Bier sondern mit tunesischem Doseninhalt. Keine Details, ich bitte Sie, Sie wissen doch (woher sollten Sie wissen?), ich trinke nur in Ausnahmesituationen Bier. Wenngleich ich immer häufiger in sogenannte Bier-begünstigende Ausnahmesituationen gerate. Auf Ihren/meinen Touren rund um den Planeten. Dennoch – verzeihen Sie – keine Namen und Empfehlungen, bleiben wir bei der Kühlbox im Riedgras – bei der Wiederholung, welche keine Wiederholung ist, sondern vielmehr eine situationsangepaßte Unerläßlichkeit. In der weiten *Etoschapfanne*. Im Herzen Namibias. Wird noch einmal kommen. Die Kühlbox. Einige hundert Kilometer weiter südlich, an der *Skelettküste. Wüste Namib*. Ja, was soll's, wir kommen nicht umhin, um die Wüsten, sie wiederholen sich auf diesem Planeten ebenso wie Ozeane. Doch damit genug der Rechtfertigungen, zurück in die *Pfanne. Etoscha.* Riedgras, Knöchelhoch. Ein Bier-trinkender, Etoscha-kundiger, reiseleitender, entfernt verwandter, namibischer Mitreisender, ich – Ihnen zuliebe – zur Abwechslung süßen afrikanischen Orangensaft schlürfend (ebenfalls der Kühlbox neben dem Geländewagen entnommen) – und rundherum *Pfanne. Etoscha.*

Mittagshitze und Stille und leichtes Vor-mich-hin-Dösen und unaufmerksames Ins-Gras-und-auf-den-Baumschatten-Blicken und ein kaum wahrnehmbares Rascheln und eine kaum wahrnehmbare Bewegung im Gras – und ein bedingt wahrnehmbarer Warnruf meines Reisegefährten und ein äußerst wahrnehmbarer Sprung meinerseits weit weg von Kühlbox und Geländewagen und Geraschel und der Ursache des Raschelns – eine sich durch das Riedgras schlängelnde *Puffotter,* erschreckend häßlich, beinahe ebenso häßlich wie giftig, vielleicht aber auch um einiges giftiger als häßlich. Wenngleich glücklicherweise auch ebenso rasch wie häßlich, ebenso schnell davongeschlängelt wie herbeigeschlängelt, ohne uns eines Blickes aus ihren gelben (gelben?) Augen zu würdigen. Sofern man dies aus unterschiedlicher Höhenperspektive überhaupt mit Sicherheit sagen kann. Verraschelt. Gott sei Dank.

Dennoch ist die Döse-Hitze-Pfannenstimmung im gelbgrünen Riedgras im Eimer, in der Kühlbox – wie Sie sich vorstellen können – daher erfolgen die verbleibenden vier Riedgrasschritte durch knöchelhohe gelbgrüne Halme in das weiße Savannen-erprobte Geländefahrzeug auch in eilig wachsamer Aufmerksamkeit. Fernab jeder Gelassenheit.

Etwas übertrieben – meinen Sie, vielleicht sogar hysterisch, diese Schlangenangst – denken Sie – ja, denken Sie nur, Sie werden sich an meiner Seite in Kürze auch noch mit einer *Schwarzen Mamba* – zumindest der Möglichkeit einer Schwarzen-Mamba-Begegnung am Swimmingpool des *Windhoeker*

Gastgeberhauses konfrontiert sehen, ebenso wie mit der Möglichkeit einer weiteren Vipern-Begegnung – ganz schlimm, *Speikobra* – auf der hitzeflirrenden Straße Richtung *Namib*, Wüste.

Doch vorerst unter startendem Motor zurück in die *Pfanne. Etoscha.*

Wozu will die omnipräsente Reiselust Sie durch mich hindurch verführen in dieser uralten, archaischen Landschaft, in diesem Reich aus Hitze und Staub und Himmel, bebend unter den Hufen der Gnuherden und dem Gebrüll der Elefantenbullen (um endlich wieder in etwas poetisch-verfeinerter Sprache das zu Berichtende zu berichten)? In einer Landschaft geprägt von den Jahrtausende-alten Wegen der Herden, die den Wasserstellen folgen, geformt von Stille und Hitze, den mächtigen Regen, dem überall lauernden Überlebens/Todeskampf.

Frage ich mich, fragen Sie sich nicht. Pardon, ich muß kurz unterbrechen – eine Zebraherde nähert sich dem Wasserloch, die alte Leitstute zögert, wittert möglicherweise Gefahr, die Herde wartet, Springböcke trinken, die Stute zögert, wie immer wachsam, auf der Lauer, stets auf der Flucht vor den Jägern, den Löwen und Geparden, den Raubtieren der Savanne.

Entwarnung. Die Springböcke verhalten sich ruhig, die Zebrastute ist beruhigt. Die nahen Antilopen (Orynxantilopen oder Schwarznasenimpalas?) stehen nahe der struppigen Akazie, ferne Antilopen (Schwarznasenimpalas oder Orynxantilopen?) stehen dem fernen Akaziengestrüpp nahe.

Etoscha. Pfanne. Naturschutzgebiet. Ja, ich weiß, natürlich, kennen Sie doch schon längst die großen Wildreservate in Kenia und Tanzania und natürlich auch den *Krüger Nationalpark* in Südafrika – während ich Sie in die *Etoschapfanne* entführen will – nun ja, ich entführe Sie, dennoch und trotzdem.

Sie wissen bereits – ich hingegen weiß nie. Nein wirklich, glauben Sie mir, das war soeben keine eitle Wortspielerei auf Ihre Kosten – ich meine es ernst, weiß wirklich nie, kann stets nur ahnen und fühlen und versuchen zu erfassen – aber wirklich wissen tu ich deshalb noch lange nicht. Somit schwebt in mir auch unbewußt die bewußte Ahnung, daß Sie selbst unter der Voraussetzung, so beinahe wirklich alles über Safaris und Großwildbeobachtung zu wissen, in der *Etoschapfanne* noch Neues erfahren – lernen – erleben können. Könnten. Werden. Mache ich doch nun schon seit Tagen die belebende Entdeckung, daß selbst die nähere und weitere Umgebung der *Rietfontein-Wasserstelle* stets neue und lehrreiche Ein- und Aus- und Überblicke zu bieten hat. Abhängig von Tageszeit und Windrichtung, von eigener Aufmerksamkeit und fremden Wildreservatbesuchern. Kehre ich doch nun schon seit Tagen immer wieder an diese Wasserstelle zurück, beobachte Elefanten, die sich abwechselnd mit Staub und Wasser duschen – um – wie frau/man (= Mensch, nicht Elefant) meint, dadurch ihre Haut vor Insekten und lästigen Parasiten zu schützen, beobachte das Kommen und Gehen der Zebraherden, verfolge eine Giraffe in angemessenem Respektabstand, halte – vergeblich – Ausschau nach einer jagenden Löwin oder einem rasenden (im Sinne von rasch laufenden) Geparden – wissend, dadurch den Anliegen der Zebras und Antilopen (Orynx oder Schwarznase?) diametral entgegengesetzte Gedankenenergien in die Pfanne zu entsenden. Sie kritisieren zu Recht meine Schamlosigkeit. Und die meines namibischen Reisebegleiters. Und die pure Neugier und Lust an der großen dramatischen Flucht, der spektakulären Jagd, den unerbittlichen „Gesetzen der Wildnis“.

So, genug des pathetischen Safari-Jargons, zurück zu dem kleinen Webervogel auf dem knorrigen Mopanebaum, zurück zur Verführung, welche doch eigentlich ganz evident auf der Hand, im Auge liegt – die verführerische Begegnung mit den archaischen Naturgesetzen, die – kurzfristige – Rückkehr zu dem in unseren Genen schlummernden Buschjäger, dem afrikanischen Urmenschen – das Wiedereintauchen in die vorzivilisatorische Wirklichkeit. Lust und Anreiz des Sich-Verlierens im Archaischen. Als Ausgleich zu unserem „zivilisierten" denaturierten Alltagsleben? Klingt nach Strategie und Berechnung. Nein, vielleicht liegt die eigentliche Verführung vielmehr im Staunen und Bewundern und Beobachten. Sonnenaufgang hinter dem Wasserloch, Sonnenuntergang vor dem Wasserloch, Herden bei der Morgentränke, Herden bei der Abendtränke, dazwischen Hitze und Stille und Beobachten und Umherstreunen und Dösen – und Fliehen. Gegebenenfalls. Vor Schlangen, zum Beispiel.

Befreit vom Zwang des Beutemachens. „Beute" wartet vorgekocht in der einfachen Lodge, teilweise mit Elektrizität und sehr großen Spinnen in der Gemeinschaftsdusche ausgestattet. Ebenso wie Trinkwasser. Sie und mich in der Lodge erwartet. In Flaschen abgepackt und kühl und rein (und auch das Bier für die Kühlbox, Sie wissen schon). Und das Lager, Löwengeschützt in nächtlicher Savanne. Bleibt nur die Mühe des Sinne-Öffnens für die umherstehenden und wandernden und streunenden Schönheiten und Schrecknisse in Form von Sonne und Mond und Tierherden und hitzeflimmernder Savanne und abendlich leuchtendem Wasserloch und morgendlich rauschenden Tierstimmen – und verborgen jagenden Jägern und verborgen gefressenen Gnus und halbverborgen schlängelnden Schlangen.

Womit wir bei weitem noch nicht so richtig in Namibia gelandet wären, wenngleich wenigstens annähernd in der

Etoschapfanne – jedoch noch lange nicht an der *Skelettküste* oder in der *Namib*. Wobei ich Ihnen letztgenanntes Reiseziel voraussichtlich verschweigen werde. Aus Ihnen bereits bekannten (da bereits mehrfach genannten) Wüsten-Gründen. Wenngleich Ihnen so manches entgehen wird, würde, sollten Sie auf Ihrer/unserer Namibiareise die *Namib* ausschließen aus Ihrer dichtgedrängten Reiseplanung. Sand, riesige Dünen, ein weißes Gerippe im dürren Geäst des Kameldornbaumes, unter welchem Sie Ihre kühl-feuchte (!) Mittagspause einlegen, eine kurze Tour durch die als trostloseste aller trostlosen Wüstenküsten etikettierte Küstenwüste, die in ihrer Trostlosigkeit überquillt an Schönheit und Reinheit und Vielfalt – in den Robbenkolonien am *Cape Cross*, dem kalten Wind über dem kalten Meer mit dem südatlantisch kalten Wasser, eisgekühlt durch den *Benguela-Strom*, den unberührten Dünen, dem weißen Sand unter dem dunstig weißen Morgenhimmel … Sie sehen, das Versäumnis wäre groß, sollten, wollten Sie an der *Namib* einfach achtlos vorbeifahren. Sollten Sie also nicht. Werde auch ich nicht. Daran vorbeifahren. Zuvor jedoch befinden wir uns noch immer in *Etoscha,* machen soeben einen Ausflug an den Rand der riesigen, 5000 km² großen Salzpfanne im Zentrum des Nationalparks, vegetationslos und grau und weiß und salzverkrustet, begrenzt von Zwergbuschsavanne, die Richtung Westen in Dornbuschsavanne, Richtung Osten in Baumsavanne übergeht. Übergeht in jene hitzeflirrende Savanne, in der die Mopanebäume ihre schmetterlingsgleichen Blätter den Elefanten als Leckerbissen vor den Rüssel halten. Dort, wo die Grenzen des Reservates alte Herdenwanderwege durchbrechen, dort wo der Mensch (der weißhäutige Mensch) wieder einmal das sensible Gleichgewicht der Natur stört. In seinem unermüdlichen Drang nach Ab- und Ein- und Ausgrenzung, in seinem steten Bemühen, Nomadentum durch Seßhaftigkeit zu ersetzen. Das Bemühen der Weißgehäuteten um Seßhaftigkeit, es hat auch vor den Nomaden der Savanne, den Buschmännern nicht halt gemacht, nicht halt gemacht vor den *San,* den ältesten Europäern bekannten Bewohnern Südwestafrikas, nicht abgelassen von dem Versuch, nomadisierende Jäger zu Wildhütern auf den Farmen der Weißen zu deformieren.

Nun ja, Sie wissen, kennen es, das historisch-betrübliche Kapitel namens „weiße Rasse" – halten und hielten sich die meisten von uns doch schon immer für die Herren der Welt, die andere Völker mit ihrem überragenden Wissen (aufgrund ihres mangelnden Gewissens) beglücken mußten, müssen – und damit überragende Katastrophen auf Kosten der nichtweißen Menschen und des Planeten selbst produzieren und produzierten.

So auch in Afrika, ebenso wie in Asien und in Nordamerika und in Lateinamerika und in Australien – und nicht zuletzt in Europa selbst.

Doch zurück zu den Buschmännern und dem Versuch ihrer „Domestizierung". Und der daraus resultierenden Überweidung der Böden und Entfremdung der Kulturen und dem damit einhergehenden Verlust jahrtausendealten Wissens über ein Leben im Einklang mit der Natur. Zurück zu den unterschiedlichen Ethnien der Ureinwohner Südwestafrikas – den *Damara,* die ihre bewährte, den natürlichen Gegebenheiten des Landes angepaßte Lebensform zum Teil bis heute erhalten konnten; den *Hereros,* erkennbar an den vielgeschichteten, knallig bunten Röcken der Frauen und dem zu einem Dreieck gebundenen, auffälligen Kopfschmuck; den *Nama,* deren zerlegbare Hütten eine kreisförmige Fläche bezeichnen, auf der in der Nacht das Vieh zusammengetrieben wird, solange die Weidegründe ergiebig sind, solange bis das Dorf wieder eingepackt, auf neuem Weideland wieder aufgebaut wird. Blieben noch die *Himba-Nomaden* im Norden oder die *Bantu*-sprachigen *Ovambo* im Überschwemmungsgebiet des *Kuwelai* nördlich der *Etoschapfanne*. Wobei die *Ovambo* sich die Seßhaftigkeit schon vor der weißen „Kolonisierung" durch Niederländer und Deutsche zu eigen gemacht haben. Dennoch in den alten Strukturen ihres Stammes von weißen Missionaren erschüttert wurden, die die mutterrechtlich organisierte Gesellschaft unter das Joch des Patriarchats zwangen. Aus welchem Grund die Führung des Stammes heute auch in der Hand mächtiger Häuptlinge liegt. Umso mächtiger, je begabter – Regen-begabt. Sie verstehen – der afrikanische Regenmacher. Oft als bloßer Mythos abgetan. Das Wissen vieler sogenannter Naturvölker um die Energien, die unseren Lebensraum erfüllen, das intuitive Wissen um die Zusammenhänge zwischen Mikro- und Makrokosmos, zwischen Innen und Außen, zwischen Seele und Natur. Ist übrigens nicht auf Afrika beschränkt, die Kunst mancher „Eingeweihter", Regen herbeizurufen. Findet sich u.a. auch in Mittel- und Lateinamerika bei den Mayapriestern in Guatemala oder den Schamanen der Amazonasindios – welche anläßlich der katastrophalen Brandlegungen im Regenwald immer öfter selbst von offiziellen Umweltorganisationen um Hilfe gebeten werden. Häufig mit Erfolg. Konnte selbst die „aufgeklärte" (also die isolierte Bewunderung der linken Gehirnhälfte verklärende) europäische Tagespresse nicht versäumen zu erwähnen – die erstaunlichen Zusammenhänge zwischen der Regenzeremonie mächtiger Schamanen und dem plötzlichen Einsetzen der Regenfälle nach wochenlanger Dürre.

Die Regenmacher, sie haben im Dürre-geplagten Afrika eine besondere Stellung – sofern es sie noch gibt, die Regenmacher, sofern sie von der weißen Kultur noch nicht überrollt und entfremdet und dekulturiert wurden.

Ein Besuch bei den Regenmachern der *Ovambo* – jetzt wissen Sie, warum die Bewußtseins-erweiternde, innere Grenzen weitende Reiselust Sie nach Namibia locken, entführen will – in die Begegnung mit in Ihrem Alltag und möglicherweise auch in Ihrem Herzen ausgegrenzten Wahrnehmungen einer größeren, weiteren, ursprünglich zum Menschsein gehörigen Wirklichkeit. Eine Reise zu den Quellen Ihres Bewußtseins. In der Begegnung mit dem archaischen Wissen der UreinwohnerInnen des schwarzen Kontinents.

Womit wir eigentlich direkt zu den prähistorischen Felsmalereien weiterreisen könnten, da ich jetzt nicht vorhabe, Ihnen über Regenzeremonien, alte afrikanische Stammesbräuche, afrikanische Mythen und Wirklichkeiten zu berichten. Müssen Sie schon selber machen, die Erfahrung, kann ich Ihnen nicht abnehmen. Schließlich liegt Ihnen hier ja bloß ein ReiseVerführer vor, dessen erklärtes Anliegen es ist, Ihnen Reiseanregungen zu liefern, Ihnen die Sinne und Übersinne wässrig und feurig zu machen nach den vielen sichtbaren und unsichtbaren Wundern dieser Welt.

Felsmalereien. „Prähistorisch", vor-geschichtlich – vor „unserer" (wessen?) Geschichte.

Twyfelfontein – zweifelhaft, die Quelle – welche keine Quelle ist, sondern vielmehr eine Felswand mit mächtigen Felsüberhängen und über 6000 Jahre alten Felszeichnungen – Jäger und Gejagte in blassem Ocker auf rotbraunem Granit, ergänzt durch abstrakte Gravierungen in Form von Punktreihen, Kreisen, Strichen, die möglicherweise magische Beschwörungsformeln symbolisieren. Antilopen und Giraffen vor Speer und Pfeil locken, Löwen und Geparden ihren menschlichen Mitjägern gegenüber milde stimmen sollen.

Die zweifelhafte Quelle – sollten Sie nicht versäumen, ebensowenig wie den nur 10 km entfernt liegenden *Verbrannten*

Berg, dessen besondere Gesteinstruktur und -farbe vorwiegend in der Dämmerung den Eindruck erweckt, als stünde der Berg in Flammen.

Ach so, pardon, zurück zur geographischen Genauigkeit.

Sie/ich/wir haben die Richtung gewechselt, *Etoscha* und *Pfanne* hinter uns gelassen, uns nach Südwesten gewandt, Richtung *Skelettküste,* Richtung *Namib,* zuvor jedoch den eben erwähnten prähistorischen Abstecher gemacht; sind noch kurz durch den *Versteinerten Wald* gewandert – haben 250 Millionen Jahre alte Baumstämme, die durch Silikatablagerungen in Zellen und Ritzen versteinert sind, bestaunt, um uns schließlich dem mäßig interessanten Seebad *Swakopmund* der Bewohner der mäßig interessanten Hauptstadt Namibias, *Windhoek* zuzuwenden. Um nur kurz vor den wilhelminischen Jugendstilhäusern der weißen Stadt *Swakopmund* zu verweilen, sehr rasch zurück aus „Eurafrika" nach Afrika zu eilen, bei den Robben am *Cape Cross* zu verweilen, den *Welwitschia Trail* in die Wüste *Namib* anzupeilen.

Welwitschia – eine der ältesten Pflanzen der Welt, Wüstenpflanze, ein riesiges Knäuel aus alten abgestorbenen und neuen, sich entwickelnden, entwickelten Blättern, an denen die Wassertropfen der Küstennebel haften bleiben, an den Blättern ablaufen, in den Sand tropfen, um dort von dem weitverzweigten Wurzelwerk der Pflanze aufgesogen zu werden.

Gelandet – an der *Skelettküste.* Im Sand. Am Strand. Auf den wir uns unverzüglich legen – pardon – er heißt Heinz – der Grund für das sich wiederholende „Wir", welches ausnahmsweise nicht nur Sie und mich, sondern in diesem besonderen Falle meinen mir höchst entfernt anverwandten namibischen Reisegefährten umschließt, einschließt – also Heinz (und Sie?) und ich legen uns in den heißen Wüstensand, lauschen den wilden kalten Meereswogen, versuchen dürftig, unsere Haut vor den Wüsten-Meeres-Sonnenstrahlen zu schützen, scheitern schließlich an den Sandböen, die der Wind unerbittlich mit der fettigen Sonnencreme vermählt, wie Schmirgelpapier über die Haut kratzen läßt, entschlafen sanft in Wind und Sonne und Wellen, erwachen sanft durch das Geräusch von Wind und Robben und Wellen, erkennen an – vorwiegend meiner – unsanft geröteten Haut einen äußerst unsanft rötlichen Sonnenschaden – und bereuen unverzüglich unser bloßhäutiges WüstensonnenSkelettküstenSchläferstündchen.

Soviel Ihnen zur Warnung über den Zustand meiner Haut, im wahrsten Sinn des wörtlichen Bildes brennend und Fieber erzeugend und Blasen werfend – dennoch, ein faszinierendes Erlebnis, die Spannung zwischen Wüstenstrand und kaltem wildem Meer und Wüstenhimmel und Wüstensonne und Meereswind und Robbenkolonien auf schwarzem Fels und Meer und Licht und Sand – soweit das Auge reicht.

Bliebe noch der bereits angekündigte, zu verschweigende Ausflug ins Innere der *Namib,* den ich Ihnen nach mittlerweile bereits ausgiebig gemeinsam durchlebter (durchlebten) Wüstenexkursion(en) nicht mitteilen werde – sehr zur Freude der einen, sehr zur Betrübnis der anderen – LeserInnen – höchstwertgeschätzt!

Ach ja, von den potentiellen Schlangenbegegnungen mit *Speikobras* und *Schwarzen Mambas* wollte ich Ihnen noch berichten – jedoch nur ganz beiläufig, auf daß Sie sich etwas vorsichtiger als sonst auf Ihrer Namibiareise bewegen mögen – aufgrund des äußerst ergiebigen und äußerst häufig anzutreffenden Gifttiervorrates dieses Landes. Die *Speikobra* also, welche ihr zur Erblindung führendes Gift bis zu einer Entfernung von drei Metern gezielt in die Augen ihres Opfers zu speien weiß – die sahen wir – Gott sei's gedankt – nur durch die Windschutzscheibe unseres Geländewagens; von der ebenfalls vorangekündigten *Schwarzen Mamba* hingegen blieb ich, bleiben Sie verschont – gerade noch – haarscharf – tagesbreit. So berichtet mir Heinz, mein weit entfernt namibischer Verwandter. Er fand sie nämlich – die oben erwähnte Schlange – am Tag vor Ihrer/meiner Ankunft in seinem *Windhoeker* Haus am Swimmingpool vor, daneben, sozusagen, wohlig geringelt auf den heißen Steinen in der heißen Sonne. Ein niedlich schwarzer Mambakringel.

Doch nein, mit solch zweifelhaft erfreulichen Aussichten will ich Sie nicht ins faszinierende, wilde, in weiten Teilen beinahe noch ungezähmte Namibia entlassen – nein, darf Ihnen ein anderes Souvenir mit auf die Reise geben, zwei kurze Begegnungen, Ausblicke, Anblicke von schlichter, beeindruckender Schönheit; eine Begegnung am Rande der *Namib* und ein Anblick im *Ovamboland;* zuerst *Namib,* Wüste, Abendsonne, mächtige rote Dünen unter dunkelblauem Himmel, Stille, schwacher Wind, Weite, Leere; unvermittelt aus den Dünen auftauchend drei Strauße auf langen Beinen mit langem Hals und rundem dunklem Federkörper; drei flinke Vögel auf dem Weg durch die in sich ruhende, scheinbar unbewegte Wüste; auf dem Weg in die Sonne, untergehend, mitten hinein, ins Horizont-nahe Licht …

Ovamboland, Morgensonne, ein dungverputzter *Pontok,* davor eine schöne, hochgewachsene Frau mit mächtigem Ledercollier und Kupferhalsreifen um den schlanken Hals, hinter ihr ein kleiner Junge, ungeachtet fremder Anwesenheit voll Aufmerksamkeit die Frühstücksvorbereitungen seiner Mutter über der einfachen Kochstelle verfolgend. Rund um ihn, rund um die Kochstelle ockerfarbene Hütten vor ockerfarbenem

Berg aus ockerfarbenem Sand aufragend; gastfreundliche Menschen, eingewoben in uralte Traditionen, in eine nur in vorsichtiger Annäherung zu erfassende Kultur bei der Ausübung der Rituale eines afrikanischen Morgens – begleitet vom Ruf des Webervogels, vom morgendlichen Gesang der Savanne …

Soweit zum Abschied, Aufbruch meine in andeutende Worte gefaßte Seelenfotografie aus den Dünen der *Namib,* aus dem schwarzafrikanischen Herzen Namibias, die ich Ihnen mit auf die Reise geben darf – auf daß Sie zahlreiche neue, andere, fremde Seelenbilder mitbringen – aufregend, ungezähmt, unverstellt.

„Gut Pad" – gute Fahrt!

Seychellen

Mahé

Praslin

La Digue

Aride

Tropenträume, Tropikvögel und erotische Kokosnüsse

Äquator. 4 Grad südlich. Tropen. 1600 km vor der afrikanischen Küste in den *Indischen Ozean* eingestreut. Das Inselfestland aus Granit, aus dem Untergrund der Kontinente. Die Überreste des alten Gondwanalandes auf den Hauptinseln des Seychellen-Archipels.

Tropischer Himmel, tropische Wolkenformationen, tropisches Meer, Tropenstrände, tropische Regenwälder, Blüten, Früchte, Vögel aus Afrika und Asien, die sich seit dem Auseinanderdriften der Kontinente zu Seychellen-spezifischen Arten entwickelt haben. Die weiße, Purpur-gesprenkelte „Wright-Gardenia", die Meerespalmen der Insel *Praslin,* zahlreiche Echsen und Geckos und Schildkröten und Vögel. Tropenvögel. „Tropikvögel" – weiß, mit langen, grazilen Schwanzfedern. Die wiederum der weißen Orchidee „Payanke" ähneln. Fregattvögel und Seeschwalben. Feenseeschwalben. Leuchtend weiß und anmutig mit mitternachtsblauem Schnabel und schwarzen Augen. Seychellen-Schwarzpapagei und Schwarze Seychellen-Paradiesschnäpper. Blaue Seychellentaube. Mit rotem Häubchen und weißer Brust. Und Seychellen-Turteltauben, Madegassische Turteltauben und Blaue Komorentauben.

Sowie einzigartige Quallenbäume und Schraubenbäume und geschützte Wälder. Über und unter Wasser. Der in Nebelschleier gehüllte Bergregenwald des *Congo Rouz* im *Morne Seychellois Nationalpark* der Hauptinsel *Mahé*. Die einzigartigen *Coco-de-mer*-Palmenwälder auf der Insel *Praslin*. Die leuchtend bunten Korallenwälder der Seychellen-Unterwasserwelt.

Willkommen in den Tropen, nahe am Äquator, in einem beinahe noch ungetrübten Ökoparadies mit limitiertem Tourismus, einzigartiger Fauna und Flora und außergewöhnlichen Stränden. Weder Malaria noch Giftschlangen oder verseuchtes Wasser, die andernorts das Eintauchen in den Tropengenuß trüben. Keine Tropenkrankheiten, keine Trinkwasserprobleme, Riff-geschützte Strände und warmes Tropenklima (Tiefsttemperatur: 27 Grad); die vielschichtige kreolische Kultur der *Seychellois*, die europäische, afrikanische und asiatische Traditionen verbinden, offene, lebensfrohe Menschen, denen es bis jetzt gelungen ist, die Hektik und den Wirtschaftsrausch der westlichen Welt von den Küsten ihrer Inseln fernzuhalten.

Beinahe eine Art irdisches Paradies – meinen Sie – nun, ich habe es nicht gewagt, diesen des öfteren von Reiseveranstaltern verkitschten Begriff auszusprechen, niederzuschreiben, dennoch kann ich Ihnen nur beipflichten. Ja, eine Art Paradies, beinahe zu schön, um es für immer dort auszuhalten, wenngleich ich Ihnen offen gestehen muß, daß die Seychellen mein konkurrenzloser Favorit sind auf dieser Ihnen hier vorliegenden ReiseVerführung. Sozusagen der Inbegriff der Verführung. Die absolute Verführung schlechthin. Eigentlich – Sie gestatten den Einbruch meiner Phantasiewelt in die Ihnen vorliegende Entführung – eigentlich der einzige Zwischenlandeplatz für die aus *Francescos* Liebe-offenen Armen der Sonne entgegenfliegenden Tauben. Sie erinnern sich, *Assisi*, Ausgangspunkt für unsere Weltumrundung, Welterkundung. Die große Liebeserklärung *Francescos* an die Schöpfung, *Rivotorto*, von

Künstlerhand in Form gegossen, aus der Seele in die Materie geflossen, die Liebeserklärung an die Schönheit, das Leben – ins Bild gefaßt als Aufbruch in die Sonne. Innen- und Außensonne. Zwischenlandeplatz Seychellen. Zwischenstop auf den vielleicht lieblichsten (da ökologisch noch weitgehend intakten) Inseln des Planeten.

Zu euphorisch? Wie immer sind Sie kritisch und mißtrauisch gegenüber meiner Begeisterung, dennoch werden Sie der Verführung der Seychellen erliegen, Ihr Mißtrauen bereuen – wenn Sie der unberührten Schönheit des tropischen Regenwaldes in den Bergen der Insel *Mahé* begegnen, vom Aussichtspunkt in der Nähe der alten Mission auf uralte Baumriesen, in Stille kreisende Vögel, auf das leuchtende Grün des Regenwaldes, die steil abfallenden Berghänge, gesäumt von den türkisblauen Wellen des *Indischen Ozeans*, blicken werden. Kurz nach Ihrer Ankunft in *Victoria,* Hauptstadt des Inselreichs. Da Sie sich (zumindest in meiner Begleitung) mit Sicherheit nicht auf dem einzig touristischen Strand der Inseln einquartieren werden, um vor den internationalen Hotelburgen von *Beau Vallon* lärmenden oder weniger lärmenden Wassersport zu betreiben; eine zwar durchaus amüsante Freizeitgestaltung, der Sie sich jedoch mühelos auch an den Stränden Europas widmen können. Haben Sie/habe ich doch die weite Reise zu den Seychellen nicht unternommen, um in einem Touristenghetto an den Schönheiten und Besonderheiten der Inseln vorbeizuschwimmen-surfen-segeln-scooten, wollen Sie/will ich vielmehr deren Einzigartigkeit begegnen, beginnen Sie daher Ihre/meine Inselerkundungen mit einer ausgiebigen Besichtigungstour per Mietwagen und zu Fuß quer durch *Mahé*. Tropeninsel. Regenwaldinsel.

Sie stellen die unwillige Frage nach Entspannung und Erholung? Seien Sie unbesorgt, die Traum-schönen (doch, ich bleibe auf dieser unserer ReiseVerführung dem Gebrauch der Superlative treu, sind sie doch immerhin mein erklärter Favorit, die Seychellen, mein bevorzugtes Reiseziel, die betörendste aller Weltgegenden – müssen Sie eben Nachsicht walten lassen – oder sich anstecken lassen von meiner Begeisterung, ganz wie es Ihnen beliebt); also, die Traum-schönen Strände von *Praslin* und *La Digue*, Sie werden Ihnen Entspannung und Erholung im Übermaß schenken. Zuvor jedoch zurück nach *Mahé,* in den tropischen Regenwald, Bergwald, *Morne Seychellois Nationalpark* mit Blick auf die grün schillernde Welt vor Ihnen, über Ihnen, in die Sie nun – ausgehend von der *Sans-Souci-Road* eintauchen werden, zu Fuß, geleitet von einem einheimischen Bergführer, der Sie auf teilweise lehmig-schlammigen Pfaden in das Nebelreich der Gipfel führen wird, zu mächtigen Drachenblutbäumen, Insekten-fressenden Kannenpflanzen und Quallenbäumen, zu Orchideen und Schraubenbäumen, Sie zwischen Baumfarnen und mächtigen Palmen immer tiefer hinein in ein uraltes, ursprüngliches Schatten-Licht-Reich mit üppiger, ausgefallener Vegetation entführen wird. Eine Begegnung mit dem Regenwald, Bergnebelwald, der die steilen Granithänge auf 905 m über den Meeresspiegel emporklettert, uralten Reptilien, Vögeln, Insekten und seltenen Pflanzen Heimat bietet. Öffnen Sie Ihre Sinne bei diesem außergewöhnlichen Vorstoß in das grüne Herz der Tropeninsel, lassen Sie sich vom Regenwald betören, von seiner faszinierenden Vielfalt und beeindruckenden Artengemeinschaft verführen, bevor Sie an die Küste zurückkehren, nach *Port Glaud* zur Anlegestelle jener Fähre, die auf die Insel *L'Islette* übersetzt – um von dort aus dem schmalen Pfad durch die Mangrovenwälder des *L'Islette-River* zu folgen, der Sie zwischen Plantagen und Palmen zu einem mächtigen Wasserfall führen wird. Kühles Bergwasser, das über glatt geschliffene

Granitplatten in einen kleinen See stürzt, über Ihre Haut sprüht, die Anstrengungen Ihrer Regenwald-Bergtour in das dunkle, etwas glitschige Naturbassin spült.

Ihre Sehnsucht gilt dem tropischen Meer, verzichten daher auf Regenwald-Wasserfälle und rutschige Naturbassins, setzen Ihre Tour zielgerade Richtung Süden, Richtung *Anse Takamaka* und *Anse Intendance* fort, zu einer der schönsten Buchten der Seychellen – weißer Sand, Palmen, mächtige Granitblöcke, an denen sich türkisblaue Wellen brechen, leichter Tropendunst über weißer Sonne, Meereswind, der die Salzschleier des *Indischen Ozeans* über Ihre Haut zieht …

Angekommen – am vollendeten Tropenstrand, dem eigentlichen Ziel Ihrer weiten Reise in den *Indischen Ozean.* Und doch bietet Ihnen auch die weite leuchtende Bucht mit den stürmisch anrollenden Wellen erst einen Vorgeschmack auf die sanften lieblichen Strände, denen Sie in Kürze erliegen, auf welchen Sie in Kürze liegen werden – zum Beispiel auf *Praslin.* Heimatinsel der *Coco-de-mer*-Palme.

Sie kehren zurück nach *Victoria,* klettern Ozean-erfrischt und voll Erwartung in eine kleine Propellermaschine der *Air Seychelles* außen gut geliftet und weiß gestrichen, die zierlichen Feenseeschwalben als Markenzeichen auf das rot-grüne Heck gemalt, innen eher klapprig und wackelig, wenngleich natürlich äußerst flugtauglich und nicht wirklich besorgniserregend; blicken kurz nach dem Start auf die *St. Anne-Inseln* vor der Küste *Mahés,* auf die smaragdgrünen Tropfen im türkisblauen Ozean – als sich unvermittelt graue Regenschleier über die Inseln legen, dicke Regentropfen von einem böig aufbrausenden Wind gegen die kleinen Flugzeugfenster geschleudert werden, der das Meer aufwühlt, Türkis und Turmalin in dunkles Blau und Grau verwandelt, die kleine Propellermaschine mit unsanften Stößen durch die tropischen Luftschichten begleitet – bis diese nach kurzem Flug zur Landung ansetzt, durch den direkt vor Ihnen sitzenden Captain als „bumpy“ vorangekündigt, die Landung, die sich als äußerst holprig und stolpernd, schlitternd und rutschend, Tropenregengehemmt und von heftigen Windböen bedrängt erweisen wird auf der kurzen schmalen Landebahn *Praslins*.

Tropenregen, ebenso rasch zerronnen wie gekommen; noch bevor Sie Ihre Strand-hungrigen Füße in den weißen Sand der *Anse Volbert* eingraben, hat die Tropensonne den Himmel bereits zurückerobert, die Regenwolken als dunstige Schleier an den Horizont gebannt, die Erinnerung an den unsanften Flug mit leuchtenden Inselfarben aus Ihrem Gedächtnis verbannt.

Anse Volbert – vorangekündigter sanfter, lieblicher Seychellen-Traumstrand. Hinter Ihnen ein kleines landestypisches Hotel, kleine Holzbungalows im Kolonialstil, eingestreut in einen großen Palmengarten, überragt von den grünen Bergen der Insel. Vor Ihnen weißer Sand auf kilometerlangem, breitem Strand, sanftes türkisfarbenes Meer, Riff-gebremst, über Ihnen Kokospalmen und Kokospalmen und Kokospalmen.

Zuviel der Idylle, Sie wünschen etwas Ausgefalleneres, ein wenig Exzentrik? Dann wenden Sie sich vorläufig noch einmal von der Strandidylle ab und der am eher mäßig interessanten Strand von *St. Sauveur* gelegenen *Villa flamboyant* zu, eingebettet in einen blühenden Garten – das alte Kolonialhaus mit der großen Holzveranda, das von einem britischen Künstler und seiner Frau bewohnt, geführt wird als Kunststudio mit Gästezimmern, als Atelier mit der Möglichkeit zur Teilnahme an Mal- und Meditationskursen. Sie besichtigen das geräumige Atelier des Künstlers mit Blick auf den *Indischen Ozean*, wandern durch den Garten mit den mächtigen Flamboyant-Bäumen, verweilen kurz auf dem mäßig interessanten, schmalen Strand – zögern kurz, sehr kurz – und wenden sich von der gemalten Kunst wieder ab und der Natur-geschaffenen Schönheit zu – kehren zurück auf die *Anse Volbert* zu den Kokospalmen, dem breiten weißen Strand, dem sanften Meer, den Hibiskus- und Frangipaniblüten, dem Klang des Windes in den Palmenblättern …

Richten sich ein auf *Praslin,* in einem kleinen Holzbungalow inmitten des großen Palmenhains mit Blick von der Terrasse auf Strand und Meer und die kleine vorgelagerte Insel *St. Pierre* mit dem schillernden Schnorchelriff; entdecken auf einem Ihrer langgezogenen Strandspaziergänge ein elegantes Strandrestaurant, das als Kunstgalerie-Café-Restaurant geführt wird, verbinden sehr zufrieden einen visuellen Ausflug in die zeitgenössische Kunst der Seychellen mit den Gaumenüberraschungen frischer Garnelen, gefolgt von Tintenfischcurry in Kokosmilch mit gebackener Brotfrucht unter Kokospalmen im weißen Sand, begleitet von Wellenrauschen und leiser Musik. Seychellenklänge mit afrikanischen Wurzeln. Und sind zufrieden. Glücklich. Wunschlos. Die Sinne angefüllt, randvoll erfüllt von Schönheit und Genuß, die Wünsche davongeweht im sanften Meereswind, rauschend über dem Kokospalmen-Sonnenschirm. Und sind. Sie sind. Beinahe wie in der Wüste. *Sahara.* Sie erinnern sich. Nein, dies ist nicht der unpassendste Augenblick für diesen ganz und gar nicht unpassenden Vergleich, mit dem ich Sie angesichts der vollendeten Bedürfnis- und Genußbefriedigung am Seychellen-Strand, im Kunst-Café-Restaurant behellige. Ist es nicht. Ich darf Sie bitten, sich zu erinnern an die große Wunschlosigkeit an einem stillen Sahara-Abend, die große innere Freiheit angesichts der größtmöglichen Reduktion an Sinnengenuß und Ablenkung.

Darf Sie nicht erinnern, möge meine seltsamen Vergleiche möglichst rasch für mich behalten – gewinne aufgrund Ihrer Ablehnung den Verdacht, daß Sie mit der *Sahara* nicht wirklich warm, geschweige denn Wüsten-heiß geworden sind, bleibe dennoch bei meinem Vergleich, da mich die Ähnlichkeit der Empfindung angesichts der beiden konträren Erfahrungen Wüstenabstraktion, totale Sinnengenuß-Reduktion und vollendeter Seychellen-Tropengenuß äußerst verwundert, beeindruckt. Hat.

Soll nun ja nicht mit irgendwelchen philosophisch angehauchten – also mit der Liebe zu der mir eigenen, meinen Empfindungen innewohnenden Wahrheit angehauchten Ausdeutungen und Bedeutungen Ihre genußvolle tropische Mittagsstunde stören, richte mich wie immer nach Ihren Wünschen, darf Sie wieder dem Wellenrauschen und den Seychellenklängen überlassen – und vielleicht noch einem süßen oder fruchtigen Dessert, denn bekanntlich währt die Wunschlosigkeit gerade nur bis zur nächsten Verführung, sei es nun in den Tropen oder in der *Sahara*.

Die nächste Verführung, sie erwartet Sie zwischen den Berghängen der Insel oder entlang der Küstenstraße Praslins, auf rotsandigen Wegen, die Sie durch reizvolle Wälder und Hügellandschaften führen, oder an den zahlreichen, von Ihnen noch unerforschten Buchten und Stränden – *Anse Lazio* beispielsweise – beinahe eine Konkurrenz zur *Anse Volbert*; beinahe.

Die größte Verführung jedoch, sie harrt Ihrer im Nationalpark des *Vallée de mai*, in den Wäldern der *Coco-de-mer*, der außergewöhnlichen Palme, die aufgrund ihrer großen Frucht in Form eines sanft geschwungenen, weiblichen Beckens und den Assoziationen, die die Blütendolde der männlichen Pflanze zu ihrem menschlichen Pendant weckt, zahlreiche Forscher und Weltenbummler zu waghalsigen Eden-Spekulationen anregte.

Vallée de mai – Eintritt in den stillen dunklen Wald, unter das mächtige Blätterdach, das Geräusche und Sonnenlicht filtert, unter geschlossener Palmenfächerkuppel eine dichte Stille aufbaut, zerrissen vom Schrei der wenigen, unterhalb der Blätterkuppel fliegenden Vögel, dem scharfen Knarren aneinander reibender Palmäste. Sie sind beeindruckt von der dichten Palmenfülle, der Vielzahl an unterschiedlichen Lianen und Gewächsen, die sich um die Stämme ranken, den rotbraunen Lehmboden bevölkern, sich das wenige Licht aufteilen, das bis zum Boden vordringt, während Ihre Augen sich langsam an das Halbdunkel gewöhnen, unter riesigen Palmenfächern kleine Echsen und Geckos entdecken, vereinzelte Blüten, die zwischen Luftwurzel-Vorhängen hervorwachsen, Krautgewächse, die den schmalen Fluß säumen, der das Tal durchfließt, um den Wald als mächtiger Wasserfall an der Grenze des Nationalparks zu verlassen.

Praslin und die Verwirklichung tropischer Inselträume. Und die nie zu verwirklichende Verwirklichung von Träumen.

Sie sind urzeitlichen Wäldern und großartigen Stränden begegnet, sehen jedoch noch immer nicht Ihren Traum von einer unberührten Insel erfüllt, wünschen daher alle Anzeichen der Zivilisation hinter sich zu lassen, in unberührte Natur vorzudringen (um diese endgültig von ihrer Unberührtheit zu befreien, pardon!), sich einer Art Robinson-Crusoe-Erfahrung hinzugeben?

Darf Sie daher nach *Aride* entführen, auf die wilde Vogelschutzinsel, frei von Hotels und Häusern und Straßen und anderen Begleiterscheinungen der Zivilisation.

Doch halt, nein, nähern wir uns der Unberührtheit in kleinen Schritten.

Vor *Aride* nach *La Digue*. Auf die beschauliche Insel mit den großartigen Granitformationen, bewohnt, wenngleich auf weiten Strecken unberührt, von einer schmalen Straße durchzogen, die von Ochsenkarren, Fahrrädern und zwei Kleinbussen bevölkert wird.

Treffpunkt *Baie St. Anne, Praslin*, schönster Naturhafen der Inselwelt, um zu frühmorgendlicher Stunde auf die Fähre nach *La Digue* zu warten, um dem *Indischen Ozean* außerhalb der schützenden Riffe zu begegnen – einen ersten sanften Vorgeschmack auf die feucht-wilde Landung auf *Aride* zu gewinnen. Doch davon später.

Die Fähre nähert sich dem Hafen, *Seychellois* und einige wenige Touristen gehen an Bord, blicken aufgeregt einer romantischen Überfahrt entgegen (Touristen), blicken gelassen einer stürmischen Überfahrt entgegen (*Seychellois*); die Fähre legt ab, tuckert hinaus aus dem Riff, taucht ein in den *Indischen Ozean*, taucht ab in gewaltige Wellentäler, wird hochgeworfen von gewaltigen Wellenbergen, während *Seychellois* ein kleines Morgennickerchen machen, Touristen endgültig aus morgendlicher Schläfrigkeit erwachen – große Wogen über die Reling schwappen, kleinere Wogen am Bug zerkrachen – bis die Insel auftaucht, das Riff erreicht ist, der Höhenabstand zwischen Wellenberg und Wellental sich deutlich verringert, das wilde Wogen sich auf ein kleines zartes Wellengeplänkel reduziert – die Fähre den Hafen erreicht, schläfrige *Seychellois* und wache Touristen *La Digue*-Insel-Land, Granitland betreten. Ein wenig schwankend, wankend. Die Touristen. Ein Umstand, den Sie durchaus nicht als Selbstverständlichkeit ansehen sollten – weder den kontinentalen Granituntergrund der *Inneren Seychellen-Inseln* noch die Tatsache, daß Sie trockenen Fußes an Land gehen. Wird sich nämlich sehr rasch ändern, dieser Umstand, Zustand, spätestens anläßlich der in Kürze bevorstehenden, feucht-wilden Landung auf *Aride*.

La Digue. Inselland. Sie verzichten auf Fahrrad und Ochsenkarren, vertrauen sich Ihren wandererprobten Beinen an, die jedes Ziel der Insel in gut einer Stunde erreichen werden, decken sich am Hafen mit Mineralwasser ein – und marschieren los, unter schattigen Bäumen vorbei an Dörfern und weißen Kirchen zum berühmtesten Strand der Insel – der *Anse Source d'Argent*; perfekte Tropenfilmkulisse, als solche tausende Male auf Zelluloid gepreßt – die gewaltigen Granitformationen, die aus dem weißen, Palmen-gesäumten Sand ins seichte Meer hineinragen; schräg wachsende Kokospalmen, die sich über die blaugrüne Lagune biegen, Wind-bewegte Schatten auf die ruhige Wasseroberfläche malen; der Blick über's Meer auf geschwungene Inselketten und das weißumschäumte Riff, an dem die großen Wellen brechen, zerbersten, um gezähmt und sanft auf den weißen Sand, über den weißen Strand zu rollen, der von rosagrauen Granitblöcken in bizarre Buchten unterteilt wird, eigenwillige Kunstwerke aus Stein und Sand und Meer formend.

Der Strand. Und das warme leuchtende Meer, in dem Sie vergeblich Kühlung nach Ihrem Inselmarsch, Tropenmarsch suchen werden, wenngleich Sie der tropische Anblick, Ausblick zwischen blaugrüner Welle und grünblauer Welle für die warme seichte Meeresbegegnung entschädigen wird, bevor Sie ungekühlt, wenngleich beeindruckt weiterwandern, zu Kokos- und Vanilleplantagen, Riesenschildkröten und stillen Palmenhainen, um schließlich auf schattigen, Kühle-verheißenden Wegen quer über die Insel der wilden Ostküste zuzustreben; sich auf den Weg zu den unberührten, menschenleeren, breiten Stränden machen, an denen die wilden Wogen des

Indischen Ozeans ungebremst gegen roten Stein krachen, anschlagen, in Riesenzungen über den weißen Sand laufen, Ihnen Ihren Traum von unberührter Tropenlandschaft erfüllen, Sie gleichzeitig an die letzte Fähre und die bewegte Rückfahrt nach *Praslin* erinnern – oder aber in Ihnen den Entschluß reifen lassen, die nächsten Tage und Nächte auf *La Digue* zuzubringen, in der „La Digue Island Lodge" oder einem der kleinen Gästehäuser an der Westküste. Beschaulichkeit abseits von Lärm und Autos und Straßen zwischen Palmen und Granitkunstwerken und sanften Lagunen und wildem Meer – bis zur nächsten bewegten Überfahrt. Zurück nach *Praslin*. Oder gleich nach *Aride*.

Sie haben entschieden, sitzen in einem stabilen Boot mit Kurs auf *Aride,* erleben das bereits vertraute Hochgleiten und abrupte Absinken zwischen Wellenberg und Wellental im bewegten Inselmeer, Seychellenmeer, wundern sich über meine feuchten Vorankündigungen in Hinblick auf die Landung auf der Vogelinsel, wollen mir soeben den Hang zur Übertreibung unterstellen, als das Schiff einige hundert Meter vor dem Strand, vor *Aride* vor Anker geht – ein kleines Schlauchboot aus dem heftig schaukelnden Schiff auf die bewegten Wellen heruntergelassen wird, die Besatzung des Schiffes Sie auffordert, Kleidung, Schuhe, Brillen und Fotoapparat in einem Plastiksack zu verstauen, um barfuß und in Badehose ins Schlauchboot zu klettern. Ein Hinweis, dem Sie notgedrungen Folge leisten, angesichts der mächtigen Wogen, die sich auf dem weißen Sand unter Vogel-schwirrendem blauem Tropenhimmel überschlagen, den Strand meterhoch überragen. Die Wellen. Abfahrt! – und den Anweisungen der Crew Folge leisten! – am Schlauchboot festklammern und wellengebeutelt abwarten, bis eine sogenannte Wellenpause, ein kurzes Aufatmen des

Meeres zwischen zwei Wellenschüben die Landung ermöglicht, die Wahrscheinlichkeit, daß das Boot kopfüber auf den Strand geworfen wird, etwas mildert. Sie sitzen im Boot, sanft und unsanft von den anrollenden Wellen geduscht, halten mit der einen Hand Ihre – hoffentlich in Plastik verstauten – Habseligkeiten (hätte ich Ihnen schon früher sagen, Sie darauf hinweisen können, meinen Sie, habe ich, wollte ich auch, wenngleich -), Vorsicht! – vergessen Sie nicht, sich mit der anderen Hand am Schlauchboot festzuklammern.

Also, Sie sitzen in der wogenden Wellendusche, warten auf die Wellenpause, erblicken Menschen auf der unberührten Insel, Mitarbeiter der kleinen Forschungsstation, die bei der wilden Landung behilflich sein werden, dem Boot entgegengehen, um die Meer-gebadeten Vogelliebhaber zwischen Riesenbrecher und Riesenwoge mit vereinten Kräften möglichst ohne Kopflandung, Sandlandung in der Wellenbrandung an Land zu ziehen.

Aride – ungezähmte Tropeninsel, Vogelschutzgebiet. Kein Hafen, keine Häuser, keine Straßen, keine Menschen – Vögel und Eidechsen und Geckos – und Vögel – und eine kleine Forschungsstation und ein Sonnendach am Strand, wo Sie Ihre – hoffentlich trockenen, Plastik-geschützten Schuhe wieder anziehen, um unter ornithologischer Führung über die Insel zu wandern, in die spannende Begegnung mit brütenden Seeschwalben und Fregattvögeln, unter riesigen Luftwurzeln versteckten Nestern und auf Granitsteinen hockenden Vogelkücken.

Durch üppige Vegetation zu den Aussichtspunkten über die östlichen und nördlichen Klippen der Insel, zu den Vogelkolonien, die auf den Felsen nisten, in riesigen Scharen den Himmel bevölkern, zu den Delphinen und Karettschildkröten, die Sie mit etwas Glück ausfindig machen, bevor Sie über den lehmigen Pfad aus den üppigen Wäldern der Hügel zurückkehren an den langen Strand der feuchten Landung, sich in den weißen Sand legen, den über Ihnen schwirrenden Himmel beobachten – den eleganten Tropikvogel, der mit seiner langen, gespreizten Schwanzfeder das tiefe Blau zerteilt, die kreischenden Seeschwalben und Fregattvögel, die über den roten Klippen kreisen, während die Crew des Schiffes unter dem Sonnendach frischen Fisch für Sie grillt, Früchte aus der Kühlbox zieht und kühle Getränke in den Sand stellt.

Noch immer nicht ursprünglich genug, noch immer bleiben Wünsche und Träume offen, da Sie auf *Aride* nicht verweilen dürfen, nach Ihrem Ausflug wieder ins Schlauchboot verfrachtet und in den wilden Ozean hinausgeschoben werden?

Bleiben noch die äußeren Inseln der Seychellen zu entdecken – *Amirantes, Alphonse, Farquhar, Aldabra.* Welche Sie in Hinkunft allerdings allein erforschen, Ihrem „Unberührte-Insel-Traum" ohne begleitende Hinweise nachgehen müssen, damit der Traum der Unberührtheit nicht schon vor der Landung an verführenden, berührenden Ratschlägen zerschellt.

Darf mich also zurückziehen nach *Praslin, Anse Volbert*, Ihnen gute Überfahrt wünschen, Ihren Abenteurergeist nicht länger mit Reise-verführerischen Hinweisen bedrängen, Ihre Träume nicht länger mit vorangekündigten Wirklichkeiten beengen. Und unter Palmen den sanften Wellen lauschen, mich am lautlosen Flug der Tropikvögel berauschen.

Indien

Delhi

Rajasthan

Uttar Pradesh

Madhya Pradesh

Bihar, Maharashtra

Kerala

Die verwirrende Fülle Geist-erfüllter Entwirrung

Sie sind auf dem Weg. Durch Indien. Durchwandern, durchqueren, überfliegen den indischen Subkontinent. Versuchen mit mäßigem Erfolg, Indien auf die Spur zu kommen, sich der Überfülle der Rassen und Religionen, Lebenswirklichkeiten und Traditionen zu nähern. In Indien. Beginnend mit *Delhi*. Oder *Bombay*. Oder *Madras*. Oder *Calcutta*.

Delhi. Sie haben gewählt, sind gelandet in Indiens Hauptstadt, haben unter Smog-verhülltem Delhihimmel einen ersten Eindruck gewonnen vom indischen Nebeneinander, Gegeneinander, Durcheinander von Schönheit und Schrecken, Faszination und Entsetzen – in den Prunkbauten der Moguln, den Hindu- und Sikhtempeln, den Moscheen, Bazaren, Museen und Gärten, in den armutfeuchten, krankheitsschwangeren, verwinkelten Gassen der alten Stadt. Sind unter Smog-verhängtem, Geier-kreisendem Delhihimmel zwischen Abgasen und uralten Motorrikshas und uralten Autos vor der *Chandni Chowk*, der Hauptstraße der Altstadt, oder auch am *Connaught Place* zwischen Drogen-verkaufenden, verkrüppelten Bettlern vor teuren Seidengeschäften und wohlgenährten, westlich gekleideten Indern zur vorläufigen Überzeugung gelangt, daß Sie dem „wahren" Indien (also jenem Indienbild, das sich westlich geprägte Menschen in ihren westlichen Orientphantasien ausmalen) in einer beinahe modernen, wenngleich ganz und gar nicht westlichen, durch und durch asiatischen 8-Millionen Stadt nicht begegnen werden; sind daher weitergereist, nach *Rajasthan,* Maharajaland, Palast- und Burgenland. Möglicherweise in einem indischen Automobil – auf äußerst holprigen Straßen in äußerst ältlichem Wagen – oder aber mit einem äußerst klapprigen Flugzeug oder gar in einem äußerst überfüllten indischen Zug.

Indische Feuerprobe auf der Suche nach dem wahren Indien. Der Zug, gefolgt von der Autovariante, gestreift von der inländischen Flugzeugvariante. Sie wünschen Ausgleich, beschließen, sich zu verwöhnen, gönnen sich eine luxuriöse Nacht in der luxuriösen Pracht eines Maharaja-Palasthotels unter Kuppeln und Türmchen, auf Kissen und Teppichen, umgeben von bunter Seide und edel geschnitztem Holz. Sind begeistert. Und beinahe zufrieden. Wäre da nicht schon wieder jenes andere Indien vor den prächtigen Palasthotel-Eingangstüren in den staubigen Straßen unter den rosaroten Fassaden der Maharaja-Stadt – die zwischen Rinnsal und Straßenrand, zwischen Abfall und Staub vegetierenden Menschen und bettelnden Kinder und bettelnden Mütter und verkrüppelten Bettler und bettelnden Krüppel.

Sie ziehen aus, aus dem Maharaja-Palasthotel, lassen die Stadt der rosaroten Fassaden, der prächtigen Paläste und Armut-bevölkerten Straßen hinter sich, reisen weiter, Richtung Wüste, Richtung *Jodhpur,* Richtung *Jaisalmer,* sind befangen angesichts der sich Ihren märchenhaften Träumen zaghaft annähernden indischen *Rajasthan*-Wirklichkeit, der mittelalterlichen sandfarbenen Festungen, die am Rande der Wüste aus dem Sand emporwachsen, der honigfarbenen, kunstvoll gemeißelten Fassaden der alten *Havelis,* der mehrstöckigen Herrensitze der Kaufleute, der lebendigen Basare und leuchtend bunten Saris und bunt leuchtenden Turbane. Gefangen zwischen Staub und Fliegen und Abfällen und Staub am Rande der Wüste. *Thar.* Beinahe nahegekommen, angekommen bei den vorgefertigten Indien-Märchenträumen, wären da nicht der Schmutz und die Abfälle und das in der uralten Wasserleitung versiegende Wasser nach einem langen, staubigen Tag in der staubigen, heißen Wüstenstadt. Doch Phantasien sind hartnäckig, bleiben sich treu, ungeachtet sogenannter Wirklichkeiten, eilen dem nächsten Phantasie-beflügelnden Reiseziel entgegen – aus der Wüste nach *Agra,* in die mäßig interessante Stadt mit dem formvollendeten weißen Marmordenkmal, Liebesdenkmal – *Taj Mahal.* Liebestraum, Indiens Parade-Vorzeige-Musterdenkmal, unerreicht an Luxus und Prachtentfaltung, Schönheit und Ausgewogenheit – ganz nahe am Indien-Märchentraum – wären da nicht die verstümmelten hungernden Menschen vor dem Eingang in die paradiesischen Taj-Gärten, wären da nicht die von Rinnsalen durchzogenen, schmutzigen Straßen der Stadt, die als Häuser getarnten Baracken, die verwahrlosten Ufer des Flusses *Yamuna …*

Die aus dem Westen mitgebrachten, vorgefertigten Indienbilder, sie drohen ständig einzustürzen – finden dennoch ständig Nahrung. Sie sind verwirrt, ich bin es auch. Darum reisen Sie weiter. Ich auch. Nach *Varanasi.* Unterbrochen von einer Zwischenlandung, von der noch detaillierter die Rede sein wird, von der noch Näheres zu berichten verbleibt. Später. Zur Klärung indischer Verwirrung vorerst nach Varanasi. Indiens heiligste Hindustadt. An Indiens heiligstem Hindufluß. *Ganges.*

Ghats. Badestellen. Kurz vor Sonnenaufgang. Sie werden in einem kleinen Boot am Ufer entlang gerudert. Von einem freundlichen Inder. Beinahe ein Pleonasmus. Worauf wir noch näher eingehen werden. Die Inder. Freundlich? Nein, falsch, zu oberflächlich. Liebenswürdig? Zu seicht, zu westlich konnotiert. Gelassen, einfallsreich, von erstaunlicher Improvisationsgabe, zumeist sehr sanft – wesentlich. Ja, vielleicht, so ungefähr. Nehmen Sie mich nicht zu wörtlich, wenngleich Sie mich natürlich beim Wort nehmen müssen.

Das Beeindruckendste an Indien. Die großartigste Erfahrung jeder Reise durch Indien – nicht die Tempel und Moscheen und Paläste, nicht die Landschaften, die Tropenküste, die neuen alten und alten neuen Städte, nicht einmal die herausragenden Kunstschätze und die außergewöhnliche Spiritualität – nein – das beeindruckendste, prägendste Erlebnis jeder Indienreise liegt in der Begegnung mit Indern. Haben Sie längst bemerkt. Werden Sie noch merken. Also, einer aus der Masse des eine-Milliarden-Volkes bestehend aus Hindus, Moslems, Jainas, Sikhs, Parsen, Christen, Juden, Buddhisten … rudert Sie am Gangesufer entlang. Hindu. Erklärt Ihnen bereitwillig und sehr einfühlsam die Hintergründe des sich vor Ihren Augen ereignenden, vielschichtigen Hindu-Erlebens.

Sonnenaufgang. Knapp davor. Aus den Lautsprechern der alten Tempel dringen Vedengesänge, Pilger mit nacktem Oberkörper verrichten in tiefer Konzentration ihre Waschungen, Lichtopfer schwimmen auf den schlammig trüben, trägen Wellen, die von der erwachenden, aus dem Fluß auftauchenden Sonne mit schimmerndem Gold überzogen werden, getarnt, verwandelt werden – oder nein – vielmehr enttarnt werden, im Licht der aufgehenden Sonne ihre innere Bedeutung darlegen, die verschmutzten, verseuchten Gangawellen, das heilige, Körper und Seele reinigende, Heimkehr aus den irdischen Lebenskreisen versprechende Wasser der großen Mutter Indiens. Die Betenden, Opfernden, Badenden wenden den Blick der Sonne zu, wenden den Blick nach innen, auf das Zentrum der Bedeutung, weit hinter dem äußeren Schein, dem äußeren Sein. Der indische Blick auf das Wesen der Dinge, der Blick mit dem Dritten Auge – mindestens ebenso bedeutsam, nein, viel bedeutsamer als die nach außen gerichteten Körperaugen – das Dritte Auge und seine Erkenntniskraft – lokalisiert zwischen Augenbraue und Augenbraue, Stirnchakra, zumeist mit einem Farbpunkt gekennzeichnet – das Zentrum des Bewußtseins, die eigentliche indische Sehkraft. Der Blick nach innen. In *Varanasi*. Die geschlossenen Körperaugen der Sonne zugewandt, das geöffnete Seelenauge der Sonne zugewandt. *Moksha* – Erlösung aus den irdischen Verwirrspielen. In *Varanasi* – der jahrtausendealten Stadt. Der direkte Weg nach Innen. Nach Indien. In *Varanasi* – *Kashi* – Stadt des Lichts.

Sie legen eine Pause ein, eine Atem-Verarbeitungs-Verschnaufpause. Eine Hotelswimmingpool-Palmen-Frangipaniblütenpause, um indische Impressionen zu verarbeiten, vielleicht sogar mit Hilfe des Dritten Auges einen kurzen Blick in die Tiefen indischer Wirklichkeiten zu erhaschen. Wirklichkeiten. Plural. Immer Plural. In Indien. Die Religionen, die Menschen, die heiligen Kühe und weniger heiligen friedlichen Hunde, die uralten Autos, die staubigen Dörfer entlang staubiger Landstraßen, die übergangslos in staubige Dörfer, überfüllte Städte übergehen, die prachtvollen Bauwerke und Kunstdenkmäler, die Tempel und Moscheen, die hinduistischen Götter und hinduistischen Feierlichkeiten und hinduistischen und moslemischen und sikhistischen Traditionen; die Bräuche der Jainas und Parsen und Buddhisten; der Juden und Christen. Die Bettler und Leprakranken und auf den Straßen Vegetierenden, die hungernden Erwachsenen und verhungernden Kinder. Indien. Plural. Alles immer Plural.

Könnte nun aus der indischen Überfülle ein besonders liebenswertes Detail herauspicken und es Ihnen zu mundgerechter Verführung zusammenschneiden-schreiben. Werde ich aber nicht. Noch nicht. Oder doch? Es wird langsam Zeit, die überfliegenden Beobachtungen zu vertiefen, die kurzen Impressionen zu weiten. Meinen Sie. Ich beuge mich wie immer Ihrem Wunsch.

Khajuraho. Der Zwischenstop. Sie erinnern sich, zwischen *Agra* und *Varanasi;* eine Zwischenlandung in heißer, flirrender Ebene. Sehr abgelegen, sehr reizvoll, sehr verführerisch die uralten kunstvollen Tempel, eingestreut in unberührte wilde Landschaft – die 1000 Jahre alten Sandsteintempel, die dank ihrer Abgeschiedenheit der Zerstörung durch die moslemischen Bilderstürmer entgangen sind.

Zwischengelandet in *Khajuraho,* aus *Agra* kommend, noch nicht in Indiens spirituelle Gangatiefen getaucht, stehen Sie unter dem formvollendeten Liebeseindruck des *Taj Mahal* – nähern sich nach diversen obligatorischen Gepäck-Hotel-Erfrischungs-Orientierungsformalitäten den lehmfarbenen, Figuren-übersäten alten Tempelfassaden, um die Kunstwerke im Detail zu betrachten. Womit ich mich unvermittelt gezwungen sehe, ins Detail zu gehen. Ganz unverhüllt und erotisch. Die Details. Denen Sie sich nähern. Die Überfülle (wie immer Plural), die Überfülle an erotischen Darstellungen; einander in Liebe und Begehren und hemmungsloser Lust hingegebene Paare, miteinander in zahlreichen Liebesstellungen verschmolzene, ästhetisch idealisierte Körper, nackt, sandsteinfarben und sehr beweglich. Phantasiebegabt. Und Lustergeben. Hemmungslos und ohne Prüderie. Die lehrreichen Liebesbilder auf den Tempelfassaden, überquellend von allen Spielarten, Stimmungen, Posen der Erotik. Noch nähere Details? Dann gehen Sie ins Detail, am besten im Morgen- und Abendlicht.

Deutungen? Bedeutungen? Wie immer eine Vielzahl – bildgewordene Anleitungen zu den Liebeslehrstellen aus dem *Kamasutra* oder – ganz und gar indisch – bildhafte Ermahnung, von eben dieser in allen Spielarten dargestellten Sinneslust Abstand zu nehmen, Sinne und Geist zu reinigen vor dem Betreten des Tempels. Somit also der Aufruf zur Askese angesicht der unüberschaubaren Fülle der Lust. Gemäß der indischen Logik des omnipräsenten Paradoxons. Verkörpert zum Beispiel in *Shiva,* jenem Aspekt des Göttlichen, dem einige dieser Tempel geweiht sind. *Shiva,* Gott der Askese und der Fruchtbarkeit. Zerstörer und Schöpfer, angebetet im *Lingam,* dem Phallussymbol, welches aus *Yoni,* dem Symbol weiblicher Energie, emporragt. Daher werden Sie bei eingehender – detaillierter – Betrachtung der Tempelfassaden auch unvermittelt, ganz und gar unerwartet auf heilige *Sadhus* – weltabgewandte Asketen stoßen, zwischen mehrfach, vielfach ineinander versunkenen Liebesgenießern, zwischen lustvoll posierenden, üppigen Frauen und phantasievoll genießenden, Lust-schenkenden Männern plötzlich weltabgewandte, entsagende, asketischem Geistgenuß ergebene Shivaverehrer entdecken. In Stein gemeißelt, seit tausend Jahren auf die Tempelfassaden gebannt.

Die Tempelfassaden – Anziehungsmagnet für staunende TouristInnen, die sich genußvoll in den Phantasien indischer Bildhauerkunst verlieren, am Tempel vorbei an der Fassade hängenbleiben, während Dorfbewohner Blüten und Opfergaben an der Fassade vorbei ins Innere des Tempels tragen, bloßfüßig, Gedanken und Sinne für die Begegnung mit dem allgegenwärtigen Göttlichen bereitet. Im Inneren des Tempels. Mit dem nach innen gewandten „Dritte-Auge-Blick“.

Sie sind begeistert von der detaillierten Begegnung mit indischer Kunstfertigkeit und unverklemmter indischer Erotik, beeindruckt von der indischen Überfülle, verwirrt vom allgegenwärtigen indischen Paradoxon. Und legen wieder einmal eine Pause ein. Eine Atem-Verarbeitungs-Verschnaufpause. Bevor Sie nach *Varanasi* weiterreisen. Indem Sie nach *Bihar* weiterreisen, sich vom Formenreichtum des Hinduismus ab und der großen Leere des Buddhismus zuwenden. In *Bodhgaya.* Auf den Spuren des indischen Prinzen, der unter dem mächtigen Banyanbaum vor 2500 Jahren die Erleuchtung erfuhr. Den Durchbruch durch die beengten, begrenzten Schichten des Alltagsbewußtseins in die Fülle des erwachten, erleuchteten Seins.

Bodhgaya. Bihar. Und Ihre Reise zu den Quellen des Buddhismus, der in Indien, dem Land der paradoxen Überfülle nicht dauerhaft Wurzeln schlagen konnte. Die große buddhistische Leere, das Pendant zur unüberschaubaren hinduistischen Fülle, die zwei Seiten einer Wirklichkeit.

Verschnaufpause, Verarbeitungspause? angesichts der zahlreichen buddhistischen Tempel aus zahlreichen buddhistischen Ländern, von Tibet bis Thailand, von Japan bis Vietnam?

Zuviel der geistigen Erfahrungen, genug des spirituellen Indiens – Sie wollen endlich irgendwie Vertrautes, Gewohntes, Einzuordnendes erleben – und reisen nach *Bombay;* New York Indiens, vielleicht die einzige „sich verwestlichende" Stadt. Und begegnen Vertrautem, beinahe vertraut – die Skyline, die bunten Kinoplakate, die wichtigen Geschäftsleute, die aus wichtigen Bürohochhäusern in wichtige Bürohochhäuser eilen. Westlich gestylt. Beinahe. *Bombay* und der Traum vom großen Geld. Und der Blick in den Westen. Nach Außen. Industrie, Börse, Discotheken, Bars und indische Punks. Liberalisiertes Indien. Die quirligste Stadt Asiens.

Und die größten Slums, zum Beispiel *Dharavi*. 800.000 Menschen auf einer Quadratmeile zwischen Wellblech, toten Ratten und offenen Kloaken zusammengepfercht. In *Bombay*. Wirtschaftszentrum des Landes. Atomkraftwerke vor der Küste, Cocktailbars, Jazz, Verkehrschaos, hängende Gärten, verseuchtes Meer, verschmutzte Luft – und *Mahalakshmi* – Göttin des Reichtums. Und Straßenkinder, „Zopadpatties"- Pappkarton- und Plastikviertel, Kinderprostitution, Verbrechen …

Genug. Zeit, sich wieder des Themas des Ihnen vorliegenden Reiseführers, ReiseV e r führers zu entsinnen – darf Sie somit ins tropische Indien entführen, von *Bombay* aus nach *Kerala* zur Begegnung mit Kokospalmen, Stränden und Wasser-reichem, üppig grünem Hinterland verführen. Die seit langem eingeforderte Verschnauf-Verarbeitungs-Erholungspause, zwei Flugstunden von *Bombay* entfernt – in *Kerala,* Indiens tropischem Süden; Blüten, Farben, Sinnengenuß, Lernpause; bevor Sie in die Tempelstädte *Tamil Nadus* weiterreisen, berühmte Ashrams berühmter Hindus besuchen, neuerlich den Schrekkensseiten Indiens begegnen – hilflos, ratlos dem Elend, der Armut gegenüberstehen – in *Madurai, Tamil Nadu*, Südindiens bedeutendster Tempelstadt. Doch vorerst Tropenpause für überforderte Sinne und die sich krampfende Seele. In *Kerala*. Grün und üppig und verführerisch die Landschaft, die Stadt *Cochin* mit ihren sauberen Gassen und ansprechenden Märkten. Beeindruckend die *Kathakalidramen,* die getanzten indischen Mythen und Legenden.

Die Verführung, sie entführt zurück in die indische Erlebnis-Begegnungs-Bilderflut – in weißer Hängematte zwischen Kokospalme und Kokospalme schaukelnd, Frangipaniblüten unweit der Nase, den Ruf des gelben Sittichs im Ohr. Die indische Annäherung, sie beginnt sich zu nähern, taucht langsam auf an den Stränden des *Indischen Ozeans*, Welle um Welle, Bild um Bild. Indien-Verarbeitungsbilder. Ende der Überflüge und Durchquerungen. Indien näherkommen. Ihnen Indien näherbringen. Ist mir nicht gelungen. Wird mir wohl kaum gelingen. Wer weiß, ob es Ihnen gelingen wird, Indien nahezukommen. Darf Sie dennoch teilhaben lassen an der vor innerem Auge auftauchenden Indienbilder-Eindrücke-Erlebnisflut. Ein Ausschnitt. Zwischen Kokospalme und Kokospalme. Hängematte. Frangipaniblütenduft. Sittichruf.

***

Flamme. Kampferflamme – weiß – die heilige Flamme. Vor der Flamme ein weißhaariger Mann in weißem *dhoti*, die Hände vor dem Dritten Auge gefaltet, der Blick nach innen gewandt, die Konzentration von dem ihn umgebenden Außen vollständig nach innen gelenkt – unvermittelt, von einem Moment auf den anderen – Betreten des Tempels, Hände heben, Augen schließen – weggetaucht, abgetaucht – anderer Gesichtsausdruck, andere Haltung – undurchdringliche Konzentration vor der heiligen Flamme, Kampfer, weiß …

Rot. Purpurroter Sari, Silber-gerändert, Silberringe in der Nase, schwere Silberreifen an den Handgelenken. Leuchtend schwarzes Haar von purpurrotem Schleier bedeckt. Gebückt. Die junge Frau in Purpurrot neben der alten Frau in Indigoblau neben der jungen Frau in leuchtendem Orange. Das leuchtend schwarze Haar vom leuchtend bunten Schleier verdeckt. Gebückt. Ernte-gedrückt in den Feldern *Rajasthans*. Leuchtend bunte Frauen in blaß-goldenem Feld neben staubiger Straße, auf der Kamelkarren mühsam von alten Bussen überholt werden. Schwer beladen. Die Kamelkarren. Männer mit riesigen bunten Turbanen und riesigen Schnurrbärten. Sitzen. Auf den Kamelkarren. Kamele laufen, Busse hupen, Hunde streunen über die Straße, heilige Kühe nehmen Platz unter schattigen Straßenbäumen. Unheilige Kamele sollen ausweichen. Unheilige Tatabusse nähern sich bedrohlich dem abschüssigen, Feldnahen Straßenrand, Straßengraben, unwillige Kamele traben unter unwilligen Rufen vorbei an heiligen Kühen und bunten Saris und überfüllten Bussen auf der staubigen Rajasthanstraße Richtung Wüste; Richtung Staub und Sand und Sand und Staub …

Stufen, Affen-bevölkert, alte Mangobäume, der Ruf des Pfaus; Nachmittagssonne auf rotem Felsen, in Stein gemeißelte Götterbilder; Inder auf den Stufen unter den Mangobäumen, im Mangoschatten; der Ruf des Pfaus, blaugrün-leuchtend im rötlichen Sand …

Regen. Monsun. *Madurai*. Markt. Ein Bach, der eben noch Straße war, knöchelhoch, lachende Gesichter über triefenden Körpern, barfuß im Bach; schwimmende Zwiebeln, schwimmende Mangos, schwimmende Bananen, Fahrrad-Wasserfontänen, Autoreifen-Wasserfontänen, Wasser von oben, Wasser von unten, Mangos im Bach …

Morgenstimmung. Trockene Laubwälder, verfallene Paläste, eine rötlich leuchtende Tempelruine – der Elefant wird unruhig, die Parkhüter werden reglos, die Touristen auf den Elefanten neben den Parkhütern erstarren vor Spannung – Tiger – Tigerreservat. *Ranthambhore* – Nationalpark. Tiger in der Morgensonne – unbeteiligt, unbeirrt, vor rötlich leuchtender Tempelruine, trockener Laubwald im Tigerland …

Feuer. Schlimmer. Vulkanausbruch. Schlimmer. Feuersturm. Die Zunge lichterloh brennend, die Kehle inexistent, der Magen lichterloh verbrannt – Chili – rot – *very spicy* – südindisches Fischcurry. Der freundliche Inder lacht – hat Sie/hat mich gewarnt – *very spicy* – in Südindien gleichbedeutend mit „Vorsicht – Gift!"...

Reismehl auf gestampftem Lehmboden vor zerbrochener Steinstufe vor blau bemaltem, niedrigem Haus; in der halbgeöffneten Türe Kinder, lächelnd; vor der Türe Kinder, lächelnd, Fußkettchen um die dunkelhäutigen, dünnen Knöchel gebunden; safrangelbes Hemd über roter Hose, leuchtende Augen vor weißem Reismehl – „kolam" – Indiens Schwellenkunst; glückbringende Muster; geometrisch, Blumen-ähnlich, Segenverheißend vor den Türen, an der Schwelle Indiens ...

Riksha – klapprig, Räucherstäbchen-Duft zwischen Abgasen und Abgasen. Zwischen Blech und Blech. Eingesperrt. Verkehrsstau. Indisch. Chaotisch. Hoffnungslos. Scheinbar hoffnungslos. Wäre da nicht *Ganesha,* der glückbringende, Elefanten-köpfige Gott, gäbe es nicht die Räucherstäbchen und die unübertroffene indische Fähigkeit zur Improvisation und die Negierung jedes Problems, welches kein Problem ist, und die Lösung jedes Problems, welches kein Problem ist, und die chaotische, scheinbar chaotische Blech-Entstauung und die ruhige Gelassenheit des Rikshafahrers und die Enttarnung des allgegenwärtigen indischen Chaos als Grundelement indisch geordneter Gesetzmäßigkeit ...

***

Bliebe noch eine Unzahl an Eindrücken zu erwähnen, bleibt eine Unzahl an Erlebnissen unerwähnt; gäbe es noch zahllos

Vieles zu berichten, zu erzählen, zu entdecken, zu bereisen. In Indien. *Calcutta* und der Osten, *Sunderbans, Darjeeling,* die Teeplantagen, Himalayaregion, die Tempel *Bhubaneshwars,* indisches Dorfleben in Ost und Süd und Nord und West;

ein Abstecher nach *Bangladesh* oder ein kleiner Sprung über's Meer – vom Subkontinent nach *Sri Lanka, Ceylon*, eine kurze Rückkehr zu *Buddha* und seinen Anhängern. Oder auf die *Andamanen* – Regenwald, Strand, Ozean, Stille. Und die Verarbeitung der Indien-Erlebniswelt ... Gangawellen und durchbohrte Wangen und Haaropfer und brennende Scheiterhaufen und ...

Genug, verliere den Faden, rutsche ab, schweife aus in wirre Bilderfluten.

Plural. Alles, immer, Plural. Die große Fülle. Indien eben. Das indische Paradoxon. Nur im Detail zu erfahren, begreifen. Erst im Kontrast, am Widerspruch zu fassen. Aus geringer räumlicher Distanz zurückblickend auf Indien. Von *Sri Lanka* aus. Oder den *Andamanen.*

Genug. Ende.
Ende?
Niemals zu Ende.
Indien.
Pause.
Aus.

Japan

Kyoto

Fuji-San

Tokyo

Koya-San

Der Klang der Stille

„– Wo ist der Eingang zur Pforte der Wahrheit?
– Hörst du das Murmeln des Baches? Dort ist der Eingang."

Zen. Und die Weisheit der direkten Erfahrung der sich aus sich selbst enthüllenden Welt. Des sich in direkter Erfahrung, nicht in philosophischer Reflexion erschließenden Geheimnisses des Seins. Im Murmeln des Baches. Im Erblühen der Pflaumenblüten, im Duft der sommerlichen Pfingstrosen, im Rauschen des roten Herbstahorns. Im Anblick des bleichen Wintermondes. Die Welt enthüllt sich aus sich selbst.

Zum Beispiel in *Kyoto. Ginkaku-ji,* im Landschafts- und Steingarten des „Silbernen Pavillons". Im Murmeln des Baches. Angesichts des weißen Sandkegels, Fuji-Kegels im steinernen Zengarten. Angesichts der Bambushecken, der gewundenen Pfade, der kunstvoll naturbelassen-beschnittenen Bäume, der Teiche und Blüten des japanischen Gartens. Ein Ausflug ins „Reine Land" des Buddhismus – der vollendete japanische Garten, die vollendete Wiedergabe einer Landschaft, der Natur, in deren direkter Erfahrung das tiefste Geheimnis des Seins sich kundtut.

Japan. Beinahe ebenso verwirrend wie Indien. Meinen Sie. Wieder einmal nicht zu fassen mit unseren angelernten, mitgebrachten Denk- und Sehweisen. Stellen Sie fest. Und versuchen,

Ihre üblichen Denk- und Sehmuster abzustreifen, leer zu werden, für die sich aus sich selbst erschließende Welt. In Japan.

Wenngleich dieses Abstreifen des Gewohnten und Leer-Werden für das Neue bereits kurz nach dem Erwachen in einem landestypischen japanischen Hotel – *Ryokan* oder *Minshuku* – mit säuerlichem Nebengeschmack verbunden sein wird. Dem Frühstücksgeschmack von Essiggemüse, getrockneten Algen und diversen undefinierbaren Pudding-artigen Pflanzenzubereitungen. Wenngleich jedoch die dem Frühstück vorausgehende Nacht auf Erd-nahem Futonbett über Tatamimatten neben Rollbild und kunstvollem Blütengesteck Sie für die ungewohnte morgendliche Geschmacksüberraschung bereits entschädigt hat. Ganz zu schweigen von dem Abendmahl, das Ihnen in zahlreichen kunstvollen Schälchen mit kunstvollem Inhalt auf schwarzen Lacktischchen serviert wurde.

Sie sind also landestypisch in den Tag hineingetrippelt, barfuß auf Tatamimatten, in Spezialpantoffeln in den kleinen Garten vor Ihrem Zimmer, in weiteren Spezialpantoffeln durch die Gänge des *Ryokan*. Treten nun hinaus – Ihre Füße mittlerweile wieder mit Ihren eigenen Schuhen bekleidet – in die morgendliche Kyotoluft. Durchstreifen die monotone Neustadt, werfen einen ausführlichen Blick in einen mit Malutensilien handelnden Laden, bewundern die vielfältigen Pinsel und Tuschearten und Papierarten, die Stempel und Naturfarben, nähern sich langsam den grünen Hügeln, die einen Großteil der Stadt umschließen, wandern entlang eines Kanals neben alten Häuschen unter ausladenden Bäumen auf dem „Philosophenweg“, betreten schließlich Ihren ersten Kyoto-Tempel, Kyoto-Garten; der Beginn Ihrer – meiner? – unersättlichen Tour durch die Gärten und Tempel der Stadt. Zengärten, Landschaftsgärten, Teegärten.

Der berühmte Moosgarten des *Saiho-ji-Zen*-Tempels, dessen 49 Stufen den mühevollen Weg zur Erleuchtung symbolisieren, der berühmte Steingarten des *Ryoan-ji*-Tempels, dessen aus weißem Kiesmeer, Kieselmeer aufragende Steine Welt und Kosmos und Sein in Beziehung setzen, Welt und Kosmos und Sein in Sand und Stein abstrahieren. *Kinkaku-ji,* der „Goldene Pavillon", auf Pfählen über einen See, den „Spiegelsee" gebaut, der den Anblick des Pavillons, die Baumkronen des Gartens verdoppelt.

Tempel und Gärten und Gärten und Tempel. In *Kyoto*. Die Begegnung mit Stille, bildgewordener Weisheit und vollendeter Natur. Das eigentliche Thema japanischen Lebensgefühls. Zumindest in seiner buddhistischen und shintoistischen Ausformung. Die Natur. Die tiefe Verbundenheit, die Einheit des Menschen mit dem ihn umgebenden Leben – Pflanzen, Tiere, Steine. Mit Jahreszeiten, Wind und Wolken, Regen und Schnee. Die lebendige Natur. Als deren Teil sich der Mensch versteht. In deren Stimmungen er sich wiederfindet. Die das japanische Lebensgefühl beherrscht – in Philosophie und Religion, Malerei und Dichtung, Wohn- und Eßkultur. Die eigentliche Verführung Japans – die stete, Ästhetik-betonte Einbeziehung der Natur. Übermächtige, vollendete Landschaften auf alten Rollbildern, Tuschebildern, in die sich der Mensch als unbedeutender Bestandteil einfügt; Symbolträchtige Tiere und Pflanzen – Kraniche, Tiger, Fische, Frösche, Bambus, Rotpinie und Kirschblüten auf Schiebetüren und Wandbildern; jahreszeitlich-bedingte Stimmungen, die das Lebensgefühl, den Lebenszusammenhang des Menschen in pointierter Form im *Haiku,* der berühmtesten japanischen Gedichtform zum Ausdruck bringen; winzige Gärtchen und Vorgärten vor japanischen Häusern, die in ihrer minimalen Ausführung dennoch nach idealer Gestaltung drängen; Blütengestecke an zentralen

Punkten im Inneren der Häuser; perfekte Tee-, Stein- und Landschaftsgärten rund um Tempel, Paläste und Teehäuser. Jahreszeitlich bestimmte, die Form von Landschaften nachahmende *Kaiseki*-Eßkunst, die im Streben nach vollendeter Ästhetik saisonale Gerichte in Blüten- und Landschaftsdarstellungen in kunstvollen Schälchen auf schwarze Lacktischchen bannt. Reispapier-bespannte Schiebetüren, die das Innen des Wohnraumes, des Tempels nicht abdichten gegen die Natur, eine matte, lichtdurchlässige, bewegliche Trennlinie zwischen Innen und Außen herstellen.

Die japanische Verführung – die kunstvolle Einbeziehung der Natur in die alltägliche Lebenswelt.

Und die monotonen Betonlandschaften der Städte, die schrillen Vergnügungsviertel, die verbauten, zersiedelten Landschaften? Werfen Sie ein, mitten hinein in den sich soeben vor Ihren Augen erstreckenden Gartentraum der Tempelanlage des *Nanzen-ji*. Gibt es natürlich auch. In Japan. Den extremen Gegensatz. Der die Hinwendung zur ursprünglichen Naturverbundenheit vielleicht sogar noch steigert – in der alljährlichen Massenbewegung des „Kirschblütenschauens", die die Bewohner der grauen Betonlandschaften in Bewegung versetzt, in Gärten und Parks, über die japanischen Inseln hetzt in die Begegnung mit dem leuchtenden Kirschblütenmeer; oder mit dem sich färbenden Herbstlaub, dem roten Ahornlaub, das alljährlich Scharen von Bewunderern lockt.

Die Natur. Gestatten Sie mir, in dieser Ihnen vorliegenden ReiseVerführung eben jenes Thema hervorzuheben, welches mir in Japan als besonders verführerisch erscheint. Nicht High-Tech-Produkte, beeindruckend minimalistisches Design und die neuesten wirtschaftlichen Errungenschaften, denen Sie zwangsläufig auf Ihrer Japanreise begegnen werden, längst begegnet sind, an vielen Orten des Planeten begegnen können. Sondern die Natur-bezogene Kunst von Shinto und Buddhismus, die vollendeten Gärten und Tempel und Teehäuser, denen Sie außerhalb Japans nicht begegnen werden; zumindest nicht in diesem Geist-erfüllten Bezug. Darf mich daher von Technik und Design vorläufig wieder ab- und der Natur zuwenden. Liegt schon an der Natur dieses ReiseVerführers, der im Banne *Francescos* steht – Sie wissen schon, *Assisi* – die Tauben – in Hinblick auf die liebende Bewunderung, den schwesterlich/brüderlichen Umgang mit und die Achtung vor der Schöpfung. Findet in Japan ein Pendant in den Grundlagen des Buddhismus – der achtsame Umgang mit den uns umgebenden Lebewesen, die Möglichkeit, die Tiefen des Seins zu erfassen in der stillen Kontemplation unzerstörter Natur.

Wo waren wir stehengeblieben, sind Sie stehengeblieben? *Nanzen-ji*-Tempelkomplex. Mit Blick von der Holzterrasse eines Tempels über den weiten, Blüten-reichen Landschaftsgarten, über geschlungene Pfade und Teiche. Mit Blick vom *Konchi-in* auf den berühmten Steingarten, den weißen Sand, der den Ozean symbolisiert, die Steine und Pflanzen, die das irdische Paradies widerspiegeln, die beiden Felsen inmitten des Sandozeans, die eine Tigermutter und ihr Kind darstellen, den Ozean überquerend.

Mit Blick aus dem Stille-erfüllten leeren Raum einer Tempelhalle durch die geöffnete Schiebetüre auf üppig grüne Hecken und Bäume, auf ein sich senkendes Bambusrohr, das in steter Regelmäßigkeit das Wasser des kleinen Baches über graue Felsen gießt – murmelnd.

Mit Blick von der steinernen gebogenen Brücke auf rot blühende Sträucher, aus dem Teich aufragende Steinlandschaften und riesige Goldfische. Sind Sie stehengeblieben. Bin ich stehengeblieben. Lange, sehr lange. In dem leeren Raum mit dem ausschnitthaften Blick auf den Garten. In der leeren, Stille-erfüllten Tempelhalle; die Stille erhellt nur durch das Murmeln des Wassers. Baches. In der vollendeten Abstraktion der Fülle der Welt.

Ich bin etwas ratlos, weiß, was ich Ihnen schulde in einem zur Reise, nicht zum Verweilen verführenden Reiseführer. Sollte Sie nun mit Japanreisetips überhäufen. Vorerst noch mit Kyoto-Wissen ausstatten – Restaurants, Geschäfte, Stadtteile, Bauwerke und Nachtleben hervorheben. Dennoch verstumme ich. Vor halbgeöffneter Schiebetür in leerer, Stille-erfüllter Tempelhalle mit Blick auf Garten und Bambusrohr. Bin sogar versucht, Ihnen eben diese Form der Japanbegegnung nahezulegen. Stille Kontemplation in stillen Gärten und Tempeln. Auf Bergspitzen und am Fuße heiliger Berge. (Von welchen noch die Rede sein wird). Reduziere meine Japanbegegnung in eben diesem Augenblick auf den kleinstmöglichen Ausschnitt. Den in Stille murmelnden Bach. Das verdichtete Detail, welches gemäß buddhistischer Anschauung den Rückschluß auf die Tiefe des Seins erlaubt – im vollendeten Kurzgedicht *Haiku,* der vollendet arrangierten Blüte – im wachen Blick durch die halbgeöffnete Schiebetür; im Murmeln des Baches; Erscheinungsformen der Außenwelt, in denen gleichnishaft die Tiefe des Seins erkannt, erfaßt, geschaut, gehört, erfahren werden kann. Könnte. Wäre der Geist frei und die Wahrnehmung befreit und …

Bin somit wahrhaft versucht, Sie zur Vertiefung in die Welt des *Zen* zu verführen, vielmehr in die Ihnen selbst innewohnende Welt der sehr wachen, bewußten, aufmerksamen Begegnung mit den Sie umgebenden Details in japanischen Gärten und Tempeln. Bevor ich Ihren Erwartungen nachkomme und

Ihnen weitere Kyoto-Spaziergänge vorschlagen darf. Zum Beispiel durch das alte Viertel *Gion* mit den dunklen Holzbauten, den engen Gassen und alten Geishahäusern. Den roten Papierlampions vor winzigen Vorgärtchen und Steinlaternen unter graublauen, an den Kanten hochgezogenen Dächern.

Teepause. Eine unerläßliche japanische Erfahrung. Vorzugsweise im Rahmen einer kunstvollen Teezeremonie in stillem Teehäuschen, umgeben von stillem Teegarten zu genießen, in abgeschwächter Form auch in einem halboffenen Lokal unter mächtigen alten Bäumen in den engen Straßen *Gions* zu erleben. Die Geschmackserfahrung des bitteren, schäumend gerührten, grünen Tees, begleitet von pastellfarbenen Blütenpasteten, Pastetenblüten. Süß und sanft und undefinierbar. Den bitter schäumenden Teegeschmack ergänzend, abrundend, ihm entgegenwirkend.

Teepause in *Gion*, bevor Sie weiterwandern, weiterschlendern durch das alte *Kyoto,* Richtung *Kiyomizu,* „Tempel des reinen Wassers". Weder still noch meditativ, der bei Japanern wegen seines heilkräftigen Wasserfalls beliebte Tempel, weder beschaulich noch Konzentrations-vertiefend, der Weg durch die „Teapot-Line", die von Menschenmassen, von Keramik, Kitsch und Kunst anbietenden Läden bevölkerte Straße. Dennoch sollten Sie die beeindruckende, in einen grünen Hügel sich schmiegende Anlage besuchen, Ihre Blicke von der erhöhten Holzterrasse des Tempels über die Stadt, die umliegenden Berge und Hügel wandern lassen. Ihre Blicke auf den stillen Hügeln, den Dächern der Tempel und Pagoden ruhen lassen.

Um Abschied zu nehmen von *Kyoto,* Zen und Tempeln. Um sich vorübergehend von der Kontemplation ab und der Technik zuzuwenden. *Shinkansen.* Superexpreßzug. Das japanische Zugerlebnis. Beinahe unumgänglich aufgrund unerschwinglicher Mietwagenpreise und ausschließlich in Japanisch gehaltener Schriftzeichen auf Straßen- und Verkehrsschildern. Es sei denn, Sie sprechen Japanisch. *Shinkansen* – „neue Zweiglinie". Futuristisches Design und phänomenale Geschwindigkeit, welche sich allerdings angesichts der zahlreichen Stops ziemlich rasch relativiert. Die beeindruckende Geschwindigkeit, mit der Sie durch die Landschaft rasen, an der Landschaft vorbeisausen, um in zahlreichen Haltebahnhöfen ausgiebig zahlreiche Bahnsteige zu besichtigen, sich ausgiebig zu verbeugen vor ausgiebig sich verbeugenden zusteigenden und ausgiebig sich verbeugenden aussteigenden Japanern. Auf Ihrer rasend gebremsten Fahrt nach *Hakone*. Richtung *Fuji-San*. Richtung heiliger Berg. Von den zahlreichen Stilisierungen in weißem Sand und weißem Kies in den Gärten *Kyotos* zu den formvollendeten Hängen des Vulkans selbst. *Fuji-San*. Sollten Sie sich nicht entgehen lassen, den kontemplativen Anblick dieses beeindruckend ausgewogenen Berges – falls er Ihnen den Anblick seiner eleganten, harmonischen Hänge, seines schneebedeckten Kraters gönnt und sich nicht in Wolken hüllt, hinter Nebel verhüllt, Sie enttäuscht nach *Tokyo* weiterreisen läßt. Wo Sie ungebremst ins moderne, gespaltene zwiespältige Japan eintauchen können; den scharfen Gegensatz zwischen Hochhäusern, alten Schreinen, japanischen Punks und durch die Straßen ziehenden Mönchen erleben. In den Museen der Hauptstadt beinahe ebensoviel über Japan lernen können wie in den Straßen, Tempelbezirken und Vergnügungsvierteln der Stadt. Vom sündhaft teuren Plastikattrappen-Sushi in den Auslagen des teuren Einkaufszentrums *Ginza* zu den Hostessenbars in *Shinjuku*, vom *Shinto-Meiji*-Schrein in *Harajuku* zum buddhistischen *Senso-Ji*-Tempel in *Asakusa*.

Die potenzierte Nachahmung westlichen Lebensstils und die hinter monotonem Grau verborgen überlebende „Kultur der Stille". *Tokyo,* Stadt scharfer Gegensätze, grell wie die nächtlich blinkenden Leuchtreklamen, die überdimensionalen Videowände und die roten Laternen in den kleinen Seitenstraßen.

Womit ich mich von den bunten, lauten, zwiespältigen Bildern der großen Straßen ab und meinem Thema, dem alten japanischen Thema der Naturnähe wieder zuwenden darf. Am besten in einem Garten. Auch wenn Sie meinen sollten, aufgrund der zahlreichen Kyoto-Garten-Erfahrungen den japanischen Garten an sich mittlerweile zu kennen. Eine Einstellung, die Rückschlüsse auf eine gewisse Oberflächlichkeit Ihrer Betrachtung zuließe – welche Sie daher lieber für sich behalten – und mir in den *Rikugien*-Garten folgen. Um in ein seltenes Landschaftskunstwerk einzutauchen, welches mit seinen unterschiedlichen Anblicken und Landschaftstypen in Wissenden, also der japanischen Literatur Kundigen (somit nicht in mir, vielleicht jedoch in Ihnen) Assoziationen zu berühmten Gedichten wecken soll.

Sie betreten den Garten durch das obligate japanische Holztor, folgen einem Kiespfad, der Sie in weiten Bögen um einen großen Teich führt, vorbeiführt an sorgfältig, wenngleich unmerklich beschnittenen blühenden Sträuchern und Bäumen, an faszinierenden Pflanzengruppierungen und alten Steinlaternen, über steinerne Brücken zu verborgenen Aussichtpunkten, von wo aus Sie den Eindruck gewinnen, mit wenigen Schritten die Landschaft gewechselt, den Garten verlassen zu haben, in eine neue fremde Welt eingetreten zu sein – wenngleich Ihnen die vielschichtige Bedeutung des vor Ihnen liegenden Kunstwerks möglicherweise ebenso entgeht wie mir. Ein Umstand, der jedoch der Vertiefung in die Naturschönheiten keinen

Abbruch tut, umso mehr, wo Sie am Ausgang des Gartens japanische Zitherklänge und Gedichtrezitationen erwarten, um Sie zumindest intuitiv ins Reich der klassischen japanischen und chinesischen Literatur zu entführen.

Läge mir noch ein außergewöhnliches Ziel am Herzen, ein von westlichen Reisenden selten wahrgenommenes, wenngleich sehr beeindruckendes Reiseziel – um es Ihnen ans Herz, in Ihre Reiseplanung zu legen – bevor Sie Ihre Tour durch Japan ohne mich fortsetzen. *Koya-San*, der heilige Berg der *Shingon*-Buddhisten, der esoterischen Ausrichtung des Buddhismus. Wenngleich ich Sie weniger wegen dieser buddhistischen Feinheiten auf den fernen Berg, den Sie von *Osaka* aus über *Gokurakubashi* erreichen können, locken möchte, sondern vielmehr wegen der beeindruckend schönen Lage und spirituellen Atmosphäre der zahlreichen alten Tempel, der in dichten Wäldern verstreut liegenden Heiligtümer. Und nicht zuletzt wegen der einmaligen Erfahrung einer Übernachtung in einem alten Tempel, einer Tempelherberge, *shukubo* – wie immer in formvollendetem Garten gelegen.

Koya-San, der heilige Berg mit der außergewöhnlichen Atmosphäre aus gelebter Spiritualität und unberührter Natur. Sie bestaunen die alten Tempel und Schreine des Tempelbezirks, der von einer mächtigen Pagode beherrscht wird, wandern unter uralten Zedernbäumen und Pinien auf einem ausgedehnten Waldspaziergang vorbei an steinernen, Moos-bewachsenen Gräbern zum *Okunoin,* dem Mausoleum von *Kobo Daishi*, dem berühmten Gelehrten und Gründer der Shingon-Schule. Betreten die „Halle der 10.000 Lampen“, vernehmen die Gesänge buddhistischer Mönche, wandern weiter zu *Kobo Daishis* Grab, vor dem buddhistische Gläubige Räucherstäbchen und Lichter entzünden – tauchen vor alten Steinlaternen, unter alten Holzdächern, unter mächtigen alten Zedern ein in die dichte Atmosphäre, die dichte Spiritualität, die sich im Duft der Räucherstäbchen, in den Gesängen der Mönche, im Anblick der Moos-bewachsenen Dächer unter uralten Zedern auf Sie überträgt. Kehren nach Sonnenuntergang zurück ins Zentrum des Tempelbezirks, bestaunen – möglicherweise im Mondlicht – die kunstvollen Holzfassaden der in den Wäldern verstreut liegenden Tempel unter blühenden Pflaumenzweigen oder herbstlichem Ahorn oder sommerlichem, nächtlich schwarzem Grün; entsinnen sich voll Schrecken, gerade noch rechtzeitig der Tempelordnung, *shukubo*-Ordnung, Heimkehr-Bade-Essens-Ordnung Ihrer Tempelherberge; eilen heimwärts, tempelwärts zwischen möglicherweise Mondlicht-leuchtenden Tempeln auf beleuchteten Waldpfaden, werden von einem freundlichen Mönch vor dem Eingang Ihrer Herberge wie immer aufgefordert, Ihre Schuhe abzulegen, nehmen möglicherweise ein traditionelles japanisches Gemeinschaftsbad, um sich anschließend in Ihrem schlichten, von ästhetischer Stille und Leere erfüllten Tempelzimmer auf Sitzkissen vor schwarzem Lacktischchen auf den Knien niederzulassen; während ein stiller Mönch oder Novize Ihnen vegetarische Tempelkost serviert; Sesam-Tofu, Koya-Tofu, Misosuppe, zahlreiches eingelegtes, gebratenes, gekochtes Gemüse, Algen, Pilze und Reis. Und Tee. Und Früchte. Zur Abrundung Ihres Tempel-Dinners. Ihres Koya-San-Tages, den Sie auf Futon über Tatamimatten beschließen; um früh morgens, geweckt vom Klang des Tempelgongs möglicherweise der Versuchung, der Verführung zu erliegen, den Garten, den stillen, ästhetischen, vollendeten Tempelgarten aufzusuchen – um dem Erwachen der Vogelstimmen, dem Erwachen der Nebel-verhangenen Morgensonne – dem Murmeln des Baches zu lauschen.

Indonesien

Bali

Gefährdete Harmonie

Sie sitzen. Auf einer Bambusbank. Bestehend aus Bambusrohren. Auf einer Anhöhe. Umgeben von großen Bananenblättern und Kokospalmen. Blicken auf Reisterrassen unter Kokospalmen vor Ihnen. Auf Kokospalmen über Reisterrassen neben Ihnen. Feuchtes leuchtendes Tropengrün über braunroter Tropenerde unter dunstigem Tropenhimmel, aus dem sich die Sonne langsam zurückzuziehen droht. Und sind unschlüssig ob der Fortsetzung beziehungsweise Nicht-Fortsetzung Ihrer Tour in ein kleines balinesisches Dorf am Fuße des *Gunung Agung*. Vulkan. Göttersitz. Balinesisches Symbol der Ausgeglichenheit. Und Harmonie. Fernab der Touristenzentren des Südens – *Kuta, Nusa Dua* und *Sanur.*

Unschlüssig ob der Fortsetzung Ihrer balinesischen Forschungstour auf der Suche nach dem ursprünglichen Bali auf der holprigen schmalen Inlandstraße angesichts der sich aus dem dunstigen Tropenhimmel langsam verabschiedenden Tropensonne. Angesichts der abgefahrenen Reifen Ihres Mietwagens. Angesichts der Vorstellung der nächtlichen Rückfahrt über die nächtliche Insel zu Ihrem südlich gelegenen Badehotel, Strandhotel. In *Nusa Dua, Kuta* oder *Sanur.* Beginnen die Fehlplanung, mißratene Ausflugsplanung zu rekapitulieren, kommen erwartungsgemäß zu dem Schluß, daß meine permanente, in diesem ReiseVerführer omnipräsente Reisebeeinflussung Sie zu lange in *Mengwi* festgehalten, aufgehalten hat. Die Verantwortung für die mißratene Zeitplanung somit mir zufällt aufgrund meiner unersättlichen sinnlichen Vertiefung in die Bauten und Blüten des Wassertempels von *Mengwi*. In die Pagoden-artigen *Merus* und Erd-roten, Ziegelroten Tempel und gespaltenen Tempeltore des *Pura Taman Ayun*, des „Schwimmenden Blumengartens" – von Wasserkanälen umgeben, von Seerosen und Lotusblüten bewachsen – die Kanäle. In leuchtendem Sonnen-Goldrot vor nahenden dunklen Tropenwolken in den dunstig blauen Himmel ragend. Die Tempeltore und Tempeldächer und *Merus*. Die Hibiskusblüten und Lotosblüten, Erleuchtungsblüten. In *Mengwi*, einem der bedeutendsten der ungefähr 20.000 *Puras*, Tempel der Insel Bali. Vor welchem ich viel zu lange verweilte, Sie viel zu lange verweilten, beeinflußt durch meinen Reise-verführenden, zum Verweilen verführenden Einfluß. Sind Sie nun gestrandet, hängengeblieben auf einer Bambusbank zwischen Reisfeldern, Kokospalmen und heimwärts, dorfwärts strebenden Balinesinnen, hochgetürmte Opfergaben auf dem Kopf balancierend. Die Balinesinnen.

Darf dennoch kurz bemerken, am Rande, daß auch Ihre intensive Beschäftigung mit den halbzahmen Affen im Affenwald von *Sangeh*, Ihre unersättliche Fotografierlust halbzahmer Affen auf den Köpfen steinerner Statuen und amüsierter Touristen und verkauffreudiger Händler einiges zur Verspätung, Verwirrung Ihrer/unserer Tagesplanung beigetragen hat. Ganz zu schweigen von Ihren unersättlichen, unaufhörlichen, absolut verständlichen, nachvollziehbaren Bewunderungs- und Ausblicksstops vor Reisterrassen und Kokospalmen.

Hinter welchen die Tropensonne soeben versunken, ertrunken ist. Sie aufgrund rasch einfallender tropischer Nacht nun lieber Richtung Süden, Richtung Touristenzentrum umkehren sollten auf Ihren äußerst abgefahrenen Reifen, um dem

„ursprünglichen“ Bali erst bei Tageslicht erneut zu begegnen – wenngleich Sie möglicherweise gar nicht in den Touristenhochburgen der Insel Quartier bezogen haben, vielmehr im Künstlerzentrum *Ubud* in einem *Losmen,* einem Zimmer in einem balinesischen Privathaus abgestiegen sind – um Einblick zu gewinnen in balinesisches Dorfleben, Alltagsleben, Ihre Blicke der balinesischen Tradition folgend vom Meer – Sitz der Dämonen – ab- und den Bergen – Sitz der Götter – zugewandt, sich zurückgezogen haben ins grüne Hinterland der Insel, den überfüllten Stränden und starken Gezeitenunterschieden und gefährlichen Strömungen und schwarz-weißgebänderten Wasserschlangen, hoch-giftigen Meeresschlangen den Rücken kehrend.

Bali. Tropen. Noch einmal. Schon wieder. Nie genug. Tropen. Sie wissen, kennen ja bereits meinen unersättlichen Tropenhunger, meine unersättliche Tropenlust. Sind höchst wahrscheinlich ebenfalls längst der Verführung üppiger Vegetation, immerfeuchter Regenwälder, exotischer Blüten, kälteferner Sonnentage und der türkisfarbenen Lagunenwärme tropischer Meere erlegen. Wenngleich das Meer auf Bali trotz seines wie immer verführerischen Tropenanblicks nicht ganz zu Unrecht von den animistisch-hinduistischen Balinesen als Ort der Gefahr und dunklen Mächte stigmatisiert wurde. Aufgrund der soeben erwähnten unberechenbaren Strömungen und Schlangen und gefährlichen Riffe und starken Gezeitenunterschiede. Häufig eher die Augen als die Haut erfreuend, eher die Blicke als den schwimm-hungrigen Körper verwöhnend. Das Meer. In Bali. Tropeninsel. Nicht vergleichbar mit meiner tropischen Lieblingsdestination – Seychellen – Sie erinnern sich – ökologisches Paradies und unbeschwerter Sinnengenuß. Das geheimnisvolle Bali, Insel eines animistisch durchwirkten

Hinduismus, Insel der Magie, der unablässigen Opfergaben und Opferzeremonien und Riten. Zum Wohl der Menschen. Für die Harmonie in Gesellschaft und Natur. Ständig bedroht durch omnipräsente dunkle Mächte, die das Gleichgewicht stören, dennoch das Gleichgewicht bedingen. Im balinesischen Götter- und Geisterkosmos.

Denpasar. Kurz nach Sonnenuntergang. *Art Center.* Sie sitzen. Auf einer Holzbank. Von Feuerfackeln umgeben, vor Ihnen ein Kreis von ungefähr 100 Männern in schwarz-weiß-karierten Sarongs mit nacktem Oberkörper, die vor Feuerfackeln den *kecak,* den Affentanz tanzen, zelebrieren, das magische Ritual der Dämonenaustreibung vollführen. Mit lauten Schreien und entfesselten Gebärden die Kräfte des Unterbewußten an die Oberfläche des Bewußtseins treten lassen im ritualisierten Ausbruch aus dem allgegenwärtigen Harmoniestreben. Zentrum balinesischer Weltbegegnung. Die Harmonie. Ergänzt durch den Ausbruch der unterdrückten Energien in ekstatischen Ritualen und Trancezuständen und Tänzen. Über Bord geworfen die sanfte Schönheit der bunten Blumenopfer auf kunstvoll geflochtenen Palmblättern, das liebliche Bali, dem Sie auf Ihren Streifzügen quer durch die Insel begegnen; abgerutscht, verwandelt ins dunkle, magische, exorzistische Bali entfesselter unbewußter Kräfte. In Andeutungen zu erleben in den Vorführungen des *Art Center* in *Denpasar.* Sehr realistisch und Psyche-aufwühlend zu erfahren in Balis Dörfern – die wilden Trancezustände, ritualisierten Kämpfe zwischen Gut und Böse, zwischen *Barong,* dem von zwei Männern mit Löwenmaske dargestellten Prinzip des Guten, und *Randa,* der Hexe, Verkörperung des Bösen. Ekstatische Kampftänze, die immer unentschieden, Sieg-los, ausgewogen bleiben, einander bedingend wie Tag und Nacht im balinesischen Kosmos, ausgespannt zwischen Berg und Meer, zwischen Göttern, Dämonen, Geistern und Ahnen. Denen ebenfalls geopfert wird, auf dem Hausaltar, vor dem Geisterhäuschen, im Dorftempel. Im Zuge der unzähligen Tempelfeste in einem der unzähligen Haus- und Dorf- und Haupt- und Nebentempel Balis. Zum Beispiel *Besakih*. Am Fuße des *Gunung Agung*. Sitz der Götter. Hinduistische Götter, Lotosthron *Shivas*.

Sie sitzen. Auf einer steinernen Tempelmauer. Mit Blick auf den mächtigen Vulkan, die zahlreichen, über Stufen zu erreichenden Tempel und *Merus* der bedeutendsten Tempelanlage der Insel. Hinter Ihnen das gespaltene Tempeltor, Symbol für die omnipräsente Dualität des Seins. Und vereinzelte Häuser. Und üppig grüner Regenwald, den Sie durchquert, durchfahren, (durchwandert?) haben auf Ihrem Weg zum Göttersitz. Nebelverhangen. Der Berg. Mit grauen Wolken verhüllt. Der Himmel. Über dem Tempel. Frangipaniblüten- und Räucherstäbchenduft. In der feuchten Tropenluft. Vor dem Lotosthron *Shivas*. Vor dem Eingang ins Heiligtum des Tempels. Welches Sie nicht betreten, besichtigen dürfen. Auch wenn Sie mit dem obligaten Tempelschal – *selendang* – ausgestattet sein sollten – bleiben Sie draußen, vor dem Lotosthron, zwischen Tempeln und *Merus* mit Blick auf Berg und Himmel und Wolken und Frangipaniblüten. Und Bergregenwald, in den Sie wieder eindringen, eintauchen auf Ihrer Fahrt zum *Bratansee*, Wassertempel, *Pura Ulu Danu*. Unter mystisch verhangenem Tropenhimmel. Regenwaldhimmel.

Bali – Sie müssen verzeihen – ich beginne den führenden Faden zu verlieren, sollte Sie nun an die Nordküste entführen, zu den herberen Stränden, nach *Singaraja* und *Jagaraga*, wiederum *Pura*, Tempel, wegen seiner außergewöhnlichen Reliefdarstellungen bekannt. Dennoch verweile ich an den nebelverhangenen Ufern des Sees, mit Blick auf die aus dem Wasser aufragenden *Merus*. Bringe wie immer Ihren Zeitplan, Inseldurchquerungs-, Balibesichtigungs-Plan durcheinander durch mein ungeordnetes Verweilen an den Lilien-bewachsenen Ufern des stillen Sees, leuchtend gelb vor grauen, Palmfaser-gedeckten *Merus,* Pagoden-artigen Schreinen. Die Lilien unter den tiefhängenden Regenwolken. Welche aus dem langsam sich lichtenden Regenwald des Inselinneren aufsteigen, aus den Poren des reduzierten, geschrumpften, bedrohten Regenwaldes ausgeschwitzt werden. Des durch Brandrodung und künstlich gelegte Waldbrände und Abholzung bedrohten Regenwaldes. In Bali. Auf Sumatra und Borneo. Regenwald.

Die Wolken sinken tiefer, die Reise geht weiter, die Küste und *Ubud* sind fern – der Zwischenstop in einem balinesischen Dorf ist ungeplant, die Entenfamilie eilt aufgeschreckt durch grünes Gras an der Mauer des Dorftempels entlang, balinesische Dorfhunde erweisen sich als weniger friedlich als ihre indischen Artgenossen, vor dem Dorftempel ragen gebogene Bambusstäbe mit bunten Gebetsfahnen aus der rotbraunen Erde in den Dunst-verhangenen Himmel; im dunklen Fluß unter dunkelgrünen Mangobäumen baden Frauen, spielen Kinder, waschen Männer die Masken der Tänzer.

Rückkehr in den Süden, ans Meer, Wohnsitz balinesischer Dämonen. Zu den die dunklen Kräfte besänftigenden Tempeln und Heiligtümern der Küste. Nach *Tanahlot.* Berühmtester aller balinesischen Tempel, der Wassertempel, Meerestempel über den zerklüfteten schwarzen Felsen, hinter denen die Sonne im Meer versinkt, hinter *Merus* und Schlangen-bewohnten Höhlen tiefrot im Ozean ertrinkt. Die Silhouette des Tempels wie einen Scherenschnitt gegen den leuchtenden Tropenhimmel wirft, allabendlich zahlreiche Touristen in die Cafés und Getränkestände auf die Felsen lockt – die im Meer versinkende, im Ozean ertrinkende Tropensonne hinter dem schwarzen Felsentempel – den die Ebbe langsam freigibt, zugänglich macht unter rot-glühenden Tropenwolken, die die letzten Lichtstrahlen auffangen, reflektieren, einen letzten verglühenden Lichtpunkt über den Tempel malen, bevor die Kräfte der Dunkelheit wieder dem Meer entsteigen, balinesische Tänzerinnen und Tänzer, Schattenspieler und Musiker uralte Geschichten von der Dualität des Seins erzählen.

Sie sitzen. Auf einem Bambushocker. In einem kleinen balinesischen Lokal. Im Künstlerzentrum von *Ubud.* Und genießen. *Gado-Gado*-Gemüsesalat mit Erdnußsauce und *Krupuk* (Krabbencracker), *Saté*-Fleischspießchen mit *Sambal* (Chilisauce), gebratene Nudeln und *Bubuh Injin* – schwarzen Reispudding. Bevor Sie in die schwarze Bali-Palmennacht hinaustreten, unter dem Sternen-funkelnden Tropenhimmel dem Duft der Frangipaniblüten nachgehen, dem Rauschen des Tropenwindes in den Palmblättern lauschen, die Geisterbeschwörungen und Dämonenvertreibungen und wilden Masken Balis verwehen lassen im sanften Klang des Windes, der den salzigen Geruch des warmen tropischen Meeres in den Duft der Frangipaniblüten streut, Sie beruhigt, besänftigt für den nun Sie erwartenden balinesischen Tanz, für die getanzten Erzählungen aus dem indischen *Ramayana* oder *Mahabharata;* hinduistisch, nicht animistisch, das stete Gleichgewicht von Gut und Böse aufbrechend im getanzten Sieg über die dunklen Kräfte; der in kunstvolle Bewegungen, in kunstvolle Mimik geflossene Sieg hinduistischer Spiritualität über dunkle Geister.

Womit wir nun schon beinahe wieder im verwirrend faszinierenden Indien angelangt wären angesichts der zierlichen balinesischen Tänzerinnen, die in golddurchwirkten Kostümen von alten indischen Geschichten und Seelenbildern erzählen, im Duft der Räucherstäbchen, im Schein der Fackeln Ihre Sinne zurückentführen zu indisch-göttlichen Inkarnationen und bildhaft spirituellen Weisheiten. In Bali. Unter rauschenden Palmen, funkelnden Tropensternen. Unter dem leuchtenden Kreuz des Südens. Sternkonstellation. Richtungweisend.

Das Meer. Und die Austreibung der Dämonen. Und Ihre Übersiedlung aus den dichtbesiedelten, Kunst-reichen Dörfern rund um *Ubud* an die Küste. An die weiten Strände. Wenngleich verbaut und touristisch adaptiert. Der Großteil der Strände. Dennoch finden Sie ein landestypisches kleines Hotel, eingestreut in einen Palmengarten, in welchem Sie von den amerikanischen und australischen und japanischen Animateuren der weitläufigen Touristenzentren verschont bleiben, den lagunenblauen Anblick des starken Gezeiten unterworfenen Meeres nur durch freiwillige, selbstbestimmte Animation in Form von Insel-überquerenden, Insel-durchquerenden Ausflügen unterbrechen. Zum Beispiel zum *Pura Ulu Watu*. Meerestempel an der äußersten Spitze der Halbinsel *Bukit*. Seit beinahe tausend Jahren auf einem hohen Felsen über's Meer hinausragend, die mächtig anschlagenden Wellen brechend. Der Felsen. Über den die balinesische Herrin des Meeres, *Dewi Danu*, wacht. *Pura Luhur Ulu Watu* – „Tempel hoch über dem Felsen", in welchem der hinduistische Religionserneuerer *Pedanda Bau Rauh* im 16. Jahrhundert „moksha" erlangt haben soll, die höchste Befreiung, Erleuchtung, den Eintritt in den Zustand höchsten spirituellen Glücks. Im Meerestempel mit dem lichten Korallengestein, das sich im Licht der untergehenden Sonne leuchtend rot färbt.

Sie stehen. Auf der vorletzten der 70 Steinstufen, die zum Tempel führen. Bestaunen die geschwungene Form des gespaltenen Tempeltores, welches die Flügel des heiligen Göttervogels *Garuda* darstellt. In dessen Bauch Sie möglicherweise bereits durch die Lüfte gereist sind. Im Airbus-Bauch der *Garuda Indonesia*, der indonesischen Airline, die den göttlichen Vogel zu ihrem Wappentier erkoren hat. Treten ein in den Tempelvorhof, begegnen weder Balinesen noch Touristen, hören den Aufprall der an den Felsen zerberstenden Wellen, den Gesang des Windes über den Frangipaniblüten, das Rauschen der Blätter in der Salz-schweren Meeresluft und sind versucht, verführt, den balinesischen Kosmos umzudrehen, umzukehren, die balinesisch dunklen Dämonen des Meeres zu entmachten, aufzulösen im Licht indischer Erleuchtung.

Selbstgewählte Bali-Animation. Wozu darf ich Sie verführen, Sie etwa gar zu einer Höhlentour entführen? Elefantenhöhle und Fledermaushöhle. Unterbrochen von herrschaftlicher Palastkunst in *Klungkung*. Mit abschließendem Aufenthalt im *Pura Kehen* in *Bangli*. Tempel. Schon wieder Tempel, unweigerlich Tempel. In Bali. Insel der 20.000 Tempel.

Ein Ausflug durch die üppig grüne Reisterrassenlandschaft zur Ganesha-geweihten Elefantenhöhle *Goa Gajah*. Der indische, glückbringende Elefanten-köpfige Gott, vor dessen Höhle eine alte Balinesin Ihnen Opfergaben auf geflochtenen Palmenblättern zum Kauf anbietet, bevor Sie sich auf die Suche nach *Ganesha* machen, durch das in Stein gemeißelte Maul eines Ungeheuers ins Innere der Höhle treten, in den Meditationsnischen der Shiva-Verehrer auf den steinernen Sohn *Shivas* stoßen. *Goa Gajah,* Ausgangspunkt für eine Wanderung durch die angrenzenden Reisfelder, die eine Begegnung mit *Krishna,* dem in ein außergewöhnliches Steinfries gemeißelten Helden der *Bhagavad-Gita,* zum Ziel hat, zum Ziel hätte – wäre nicht der Weg durch die balinesische Landschaft an sich bereits das Ziel Ihres Weges. Hätten Sie sich auf dieser Ihrer Tour nicht noch ganz andere Ziele gesetzt und somit keine Zeit, unbegrenzt zwischen Reisfeldern unter dunstverhangenem Tropenhimmel in die balinesische Landschaft zu blicken, auf sattes Reisgrün und feucht-glänzendes Palmengrün und bunte Tropenvögel und –

Fledermäuse. Tausende. Abertausende von Fledermäusen. In *Goa Lawah.* Der Fledermaushöhle. Vor der Sie mittlerweile stehen. Um nicht weiterzugehen, mit Sicherheit nicht einzudringen, vorzudringen in die von beißendem Geruch und unzähligem, flirrendem Getier erfüllte Höhle. Welche Sie an die soeben geschauten Höllenqualen in den Deckenmalereien des Palastes von *Klungkung* erinnern, in welchem Sie sich erholen wollten von den heißen staubigen Straßen der Stadt. In der Gerichtshalle aus der Zeit der *Gelgel*-Dynastie, in der die grausamen Folterqualen balinesischer Phantasie den Freuden balinesischer Paradiesesvorstellungen gegenüberstehen. Ausgewogen. Einander in Balance haltend. Einander bedingend. Die dunklen und lichten Kräfte. In Bali.

Sie reisen weiter, wollen die Schrecken-erregenden Bilder farbenreicher Palastkunst, die heiße staubige Stadt mit den lauten Straßen und den zahlreichen Video- und Souvenirgeschäften hinter sich lassen, zurückkehren in die Stille eines balinesischen Tempels. *Pura Kehen. Bangli.* Vielleicht die reizvollste Tempelanlage der Insel. Mit terrassenförmig angelegten Gebäuden, in deren Reliefs und Skulpturen Sie die außergewöhnliche Steinmetzkunst der Balinesen bewundern. Unter bunten hohen Sonnenschirmchen die kunstvollen Opfergaben, die Blüten- und Obst- und Reis- und Räucherstäbchen-Arrangements über geflochtenen Palmblättern auf steinernen Altären und Schreinen entdecken. Dem möglicherweise beeindruckendsten Tempel-Baum, Banyanbaum, Waringinbaum der Insel gegenübertreten. Stehenbleiben. Vor dem uralten Banyanbaum mit den weit ausladenden Ästen und dem dichten Luftwurzelvorhang. Banyanbaum. Hinduistisches, buddhistisches Symbol für die Erleuchtung und Befreiung aus den Verkettungen des irdischen Daseins, aus der Welt der Illusionen. Der heilige Baum. Schnittpunkt der Welten, Bindeglied zwischen Himmel und Erde. Der mächtige Baum, unter dessen Vorfahren im fernen Indien in *Bodhgaya* der indische Prinz *Siddhartha* zum Buddha erwachte. Unter dem dichten Kronendach des tropischen Banyanbaums. Dessen balinesische Artgenossen den Dorfbewohnern am Kreuzungspunkt der Dorfstraßen als geselliger Treffpunkt dienen, in deren Schatten zahlreiche der zahllosen *Puras,* Tempel liegen. Der Baum, Symbol der Ausgewogenheit, der vollendeten Harmonie. Bedroht, gefährdet, vernichtet. In den Regenwäldern Indonesiens. Bedroht und gefährdet. Die Harmonie. In der Zerstörung des ökologischen Gleichgewichts des Planeten. Durch die Eingriffe in die balinesische Landschaft mit dem Ziel der Anpassung an die Bedürfnisse des internationalen Massentourismus. In der Bedrohung der balinesischen Kultur durch westliche Überfremdung und die Planeten-erobernde Flut westlicher Einheits-Konsumgüter.

Sie stehen. Vor dem mächtigen alten Banyanbaum, vor den rötlichen Ziegelbauten der Tempel, Palmfaser-gedeckt. Beobachten den jungen Balinesen, der abgefallene Tempelblüten sorgfältig von grauen Tempelsteinen fegt, in unerschütterlicher Ruhe unter heißer Tropensonne dem Tempel, den schützenden, Balance-haltenden Energien dient. Verfolgen die gelassen ausgeglichenen Bewegungen balinesischer Dorfbewohner, die

Tempelsonnenschirme und Gebetsfahnen in den Tempel tragen, Festvorkehrungen treffen für eines der zahllosen Feste in einem der zahlreichen Tempel Balis. Stehen Sie. Und beobachten. Unter warmer leuchtender Tropensonne, eingehüllt in den süßlichen Duft der Räucherstäbchen und Tempelblumen. Und werden fündig, finden sie wieder – die Harmonie, die innere Balance, die Ausgewogenheit der Kräfte vor dem mächtigen, rauschenden, Himmel und Erde vereinenden Banyanbaum, Waringinbaum, Erleuchtungsbaum. Unter dem balinesischen Tempelbaum. Auf der indonesischen Tropeninsel. Bali. Banyanbaum-förmiger Inseltropfen zwischen *Java* und *Lombok.* Inseln, denen Sie nun Ihr indonesisches Reiseinteresse zuwenden – dem Vulkan-reichen *Java* mit dem einzigartigen buddhistischen Heiligtum *Borobodur* und der herben Insel *Lombok.* Und *Sumatra. West-Neuguinea.* Und *Borneo.* Herzland des indonesischen Regenwaldes, Zentrum der immergrünen, artenreichen, in vollendeter Harmonie sich selbst regulierenden Tropenwälder. Gefährdet und bedroht. Der Wald. Bedroht und gefährdet. Die Harmonie. Der Ausgleich, die Balance zwischen den lebenserhaltenden und lebensbedrohenden Kräften. Im indonesischen Regenwald, im Lebenshaushalt der Erde.

Polynesien

Tahiti/Huahine

Raiatea

Bora-Bora

Moorea

Rarotonga

Frangipaniblüten und das Ende der Welt

„That's the Pacific", der britische Captain des amerikanischen Seglers genießt die Cambridge-geladene Bedeutungsschwere dieser unwiderlegbaren Feststellung. Es ist der Pazifik, genauer Südpazifik und offensichtlich des Ozeans charakteristische Eigenschaft, in solch überlangen Wellenbergen und Wellentälern Südsee-segelnde Landratten durcheinanderzuschaukeln, -wogen.

Mitten im Pazifik, irgendwo zwischen *Raiatea* und *Huahine,* irgendwo zwischen Lagunengrün und Meeresblau, Pazifikblau. Im Augenblick gerade grau. Silbergrau unter leicht gräulichem Himmel, Nachsonnenuntergangshimmel mit leichter Verstörung. Über dem Südpazifik. Über den blendend weißen Segeln, über der feuchten Reling.

Palmen? Fern. Korallenbänke? Hoffentlich noch ferner. Dafür Fisch. An Deck. Nicht aus dem Südpazifik, nein, weder *Mahi-Mahi* noch Schwertfisch. Der Globus ist global. Phänomenal. Drum gibt's an Bord des Südseeseglers auch Fisch aus der Nordsee. Oder war's Alaska? Nordseelachs. Oder so. Egal, Hauptsache er bleibt drinnen. Im Magen. Drum bleibe ich für's Dinner lieber oben. An Deck. In Blickkontakt mit den langwogenden, langgezogenen, herrschaftlichen Pazifikwellen.

South Pacific – vor Ihren (weiblichen) Augen erstehen makellose Palmenstrände und leuchtende Sonnenuntergänge und grünbewachsene Vulkankegel. Vor Ihren (männlichen) Augen wiegen sich blütenbehängte wohlgeformte Mädchen mit zart bronze-farbener Haut und langem, dichtem, schwarzem Haar unter Palmen. Möglichst nur mit Baströckchen bekleidet. Sowohl Ihre weiblichen als auch Ihre männlichen Augen haben sich in Hinblick auf die geträumten Klischeebilder nicht wirklich getäuscht, wenngleich, jedoch – Ihr Blickwinkel ist etwas verengt, von mächtigen Träumen bedrängt.

Oder tauchen vor Ihren (weiblichen und männlichen) Augen gar riesige Atompilze aus den südpazifisch turmalingrünen Lagunenwellen auf, gehören Sie etwa zu jenen Realisten, denen die Wirklichkeit die Traumwelt schon ordentlich durcheinandergebeutelt und atomzerbombt hat?

Erinnern Sie sich also der wenigen Bilder jenes unfaßbaren Verbrechens gegen Mensch und Natur, die um die Welt gingen, als die USA und später auch Frankreich in seinem *Departement d'Outre Mer*, fernab von der alten europäischen Heimat ohne Rücksicht auf Menschen und Landschaft und zukünftige Generationen seine Atomtests durchführte, noch immer durchführt?

Südsee, Inseln unter dem Wind, Paradies am Ende der Welt – aus eurozentriertem Blickwinkel, das Ende der Welt – aus eurozentrierter Unmenschlichkeit – schlummernd in den brüchigen Versuchsatollen der französischen *Tuamotu-Inseln*. Doch atomare Strahlung hält sich nicht an eurozentrierte Denkweise, wandert im Falle des von Wissenschaftlern vorausgesagten Auseinanderbrechens der Atolle in Form riesiger Mengen radioaktiven Plutoniums in den Meereskreislauf des Pazifiks – und ans andere Ende der Welt.

Weltenende.

Sie sehen. Sie haben nicht viel Zeit zu verlieren, sollten Ihre Reise in den Südpazifik vielleicht doch nicht allzu lange aufschieben – denn noch gibt es sie, die strahlend (strahlend?) schönen Lagunen und Vulkankegel und palmenbewachsenen *Motus* in der endlosen Weite Ozeaniens. Noch werden Sie bei Ihrer Ankunft in *Papeete* mit einem duftenden Blütencollier aus Frangipaniblüten empfangen, noch können Sie der Hektik der Hauptinsel entfliehen in die Berge *Mooreas* oder auf die *Cook-Inseln* oder an Bord einer Segelyacht, die Sie durch die schönsten Lagunenlandschaften des Planeten kreuzen läßt.

Maeva – willkommen im *Stillen Ozean*, willkommen in *Papeete* – ein starker süßlicher Blumenduft klettert in Ihre Nase, Südseeklänge aus dem Lautsprecher des Flughafens wecken Ihre Sinne aus der schalen Stumpfheit, die der 20-stündige Flug aus Europa über Ihre Augen und Ohren gestreift hat. Sie sind gelandet auf *Tahiti, Französisch Polynesien*, ausgerüstet mit der Sehnsucht nach Schönheit, Lebensfreude und Genuß – Tage und Nächte in der Hängematte baumeln, den Wellen lauschen, in die Kokospalmen träumen, mit den Wolken ziehen, Frangipaniblütenduft trinken, in Farben versinken, mit der tropischen Wärme verschmelzen, die Sinne füllen, den Kopf leeren – der ursprünglichen Weisheit eines alten Südsee-Häuptlings nachspüren, der bei der Begegnung mit einem gehetzten Europäer des 20. Jahrhunderts den Verlust der Lebensintensität unserer Kultur in den Worten zusammenfaßte „Du lebst nur halb; ich merke, du verstehst nicht, was der Wind sagt, noch hörst du die Steine reden."

Noch hörst du die Steine reden. Nun, mit Steinen in kommunikativen Kontakt zu treten mag für uns schwierig werden – aber mit dem Wind? Mit dem Wind könnten Sie es doch versuchen. Schlendern Sie einfach den *Boulevard Pomare* entlang, decken Sie sich am Markt mit Pareos und Muschelschmuck ein, werfen Sie einen Blick ins *Pearl Museum* und bereichern Sie Ihr Wissen über die „Schwarze Perle“ der Südsee; machen Sie Halt in einem der vielen mediterran anmutenden Cafés gegenüber dem Hafen, gönnen Sie sich ein exotisches Mixgetränk aus Ananassaft und Kokosmilch, beobachten Sie ganz zwanglos das Papeete-Leben vor und neben sich, um in einem nächsten Schritt ganz zwanglos an den zahlreichen Segel- und Motor- und Segel/Motoryachten vorbeizuspazieren, die ganz zwanglos darauf warten, Sie zu einem Segeltörn durch die Polynesische Inselwelt zu entführen.

Lassen Sie sich verführen, beobachten Sie Ihren Körper, lassen Sie Ihren Augen und Beinen freien Lauf, lassen Sie sich treiben, tragen, führen von Ihren Sinnen und Übersinnen – bis Sie plötzlich an der Reling eines Schiffes stehen, die Segel gehißt werden, der Motor angeworfen wird (je nachdem, wohin Ihre Beine Sie entführt, geführt haben) – und Sie hinausgleiten durch die Türkis- und Grün- und Turmalin- und Smaragd-Schattierungen der Südseelagune ins Saphirblau des tiefen, weiten *Stillen Ozeans*.

„Den Wind verstehen“ – Wind-geblähte Segel am Morgen, Wind-zerzaustes Haar zu Mittag, Wind-umspielte Sinne am Abend, Wind-verliebte Übersinne in der Nacht – die stille Sprache des Windes, begleitet vom Klang der Wellen, vom Gesang der Sterne, vom Dunst-umhüllten Schweigen der Sonne – unterbrochen von Ihrem heimlichen Zwiegespräch mit der leuchtenden Frangipaniblüte auf *Moorea*, der zart keimenden Kokospalme auf einem der *Motus* vor *Bora Bora*, den steinernen Überresten alter *Maraes* in *Huahine* – und schon sind wir auf den Stein gekommen und auf des Häuptlings bedauernde Feststellung und deren erfreuliche Überwindung in der Begegnung mit den noch verbliebenen alten Kultstätten und ursprünglichen Naturschönheiten Polynesiens.

Wenngleich, ich muß Sie warnen, nicht auf allen Inseln landen Sie mit Ihrem Landgang sogleich in einer Südsee-Idylle. Zu viele Zugeständnisse in Form von Straßenbau, Hochspannungsleitungen, Verfremdung der ursprünglichen Kultur zu touristischer Attraktion wurden in den letzten Jahrzehnten an die „Bedürfnisse" des Tourismus gemacht. Darum bleiben Sie, bleiben wir vorerst auch auf *Huahine,* sind Sie doch hier nun schon an Land gegangen, um *Matairea-rahi*, eine der bedeutendsten Kultstätten des alten Polynesien zu besichtigen. Haben Sie sich gleich auf Anhieb die richtige Insel ausgesucht – in Hinblick auf die zuvor eben erwähnte, häufig vermißte Ursprünglichkeit. Können Sie doch auf *Huahine* Polynesien beinahe noch unverfälscht begegnen – wenig öffentlicher Verkehr, geruhsames Dorfleben, eine schillernde Lagune, üppig grüne Berghänge, rotbraune Lehmböden und strahlend weiße Strände. Zum Beispiel am Südende des *Motu Papiti,* welches Sie über eine Brücke nahe der alten Kultstätte erreichen. Das Südende des kleinen vorgelagerten Inselchens, den polynesischen Südsee-Strand, an dem nun endlich Ihre Südseeträume Wirklichkeit werden – angesichts des Lagunenblau-grün-türkis-schillernden Meeres, der hohen schlanken Kokospalmen über weißem Muschelsand; angesichts der kleinen palmgedeckten Pfahlbauten in der seichten Bucht unter dem sanften Wind, von Insel zu Insel, von Welle zu Welle, von Kokospalme zu Kokospalme hüpfend, streifend, schweifend; der Wind – und Sie darunter, unter dem Wind, unter der Palme, mitten drin, im Südseeparadies, wenngleich, wenndoch – die vollendete Schönheit des Strandes, der vollendete Anblick des Meeres Sie über verborgen liegende Kümmernisse, seichte Hindernisse hinwegtäuscht – für den Fall, daß Sie zu den begeisterten MeeresschwimmerInnen, passionierten WellenbezwingerInnen gehören. Sollten. Nein, nicht daß ich an dieser idyllischen Stelle dem Riff-gebremsten Wellengang nachweinen wollte, umso weniger, wo doch das Riff nicht nur hohe Wellen, sondern auch zahlreich vorhandene Haie fernhält von dem lieblichen Strand. Nein, nicht ungebremste Wellen, sondern vielmehr eine schwimm-freundliche Meerestiefe könnten Sie vermissen. Muß Sie daher trotz des paradiesischen An- und Augenblicks davor warnen, sich in euphorischem Überschwang in die nicht vorhandenen türkis-blau-grünen Wellen zu stürzen, könnten Sie doch kopf-bauch-über auf spitzen Korallen stranden, auf messerscharfen Korallen landen. Sich dabei äußerst schmerzhaft an Bauch und Beinen, Handflächen und Fußsohlen verletzen. Weshalb Sie aufgrund dieser widrigen Schwimm-Umstände Ihre Begeisterung mäßigen, vorsichtig in Knie- und Hüfthöhe durch den Pazifischen Ozean waten sollten, Riff-geschützt und Haie-frei, dafür seicht und Korallen-bestückt; oder Sie gleichen sich den schillernd bunten Fischen an, die diese bunt schillernden Gewässer bevölkern, rüsten sich aus mit breiten Flossen, Sauerstoffgerät oder Schnorchelmaske und wagen sich hinaus an den Rand des Riffs, in die tieferen Bereiche des Ozeans, versinken in einer faszinierenden Welt der Formen und Farben und Pflanzen und Tiere – und Steine. Steine – um nicht auf den alten Häuptling zu vergessen, Felsen und Korallenbänke (wenngleich Korallen natürlich nicht unter die Gattung der Steine fallen, wenngleich Sie ihnen dennoch begegnen werden, die bunten Korallen und spitzen Klippen auf Ihrer Tauch- und Schnorcheltour; möglicherweise ebenso wie Riffhaie und Muränen und Schwärme leuchtend gelber und blauer und fluoreszierender Fische. Welche Sie allerdings auch innerhalb der Lagune bewundern können, die fluoreszierenden Fische, sich für diese schillernde Begegnung nicht ins Revier der (an sich friedlichen) Haie in die Tiefen des Ozeans hinauswagen müssen.

Doch vorerst zurück an den Strand, auf den weißen Sand, unter die verträumte, windverliebte Kokospalme, die Augen zwischen Lagunengrün und Himmelsblau schweifend, der Körper Sand-gebettet, die noch verbliebenen wenigen Wünsche in sanften weißen Wolken entschwebend …

Palmenstrände, tropisches Klima, faszinierende Meeres- und Lagunenlandschaften – welche Träume träumen Sie noch von der Südsee?

Regenwald, bizarre Vulkankegel, Moos-bewachsen und Feuchtigkeits-schillernd, schwarzes Lavagestein, Ananasplantagen, Wasserfälle, leuchtende Flamboyant-Alleen?

Werden Sie begegnen, den leuchtend rot blühenden Flamboyant-Bäumen, sind sie doch auf den meisten Inseln anzutreffen, kann ich Ihnen besonders *Raiatea* empfehlen, nicht nur wegen der *Flamboyants,* sondern auch wegen der bergigen Beschaffenheit der Insel, der tief eingeschnittenen Täler und leuchtenden Buchten, um die sich die Küstenstraße windet. Ebenso wie in *Bora Bora* – die sich windende Küstenstraße rund um die Insel – wenngleich ich Ihnen die „Perle der Südsee", abgesehen von der außergewöhnlichen Lagune, nur halbherzig ans Herz legen kann – touristisch ausgereizt, die Insel, die polynesische Lebensweise zur Touristenattraktion verkommen, die Preise noch unbezahlbarer als auf den anderen Inseln, die mäßig interessanten Strände beinahe alle in Reich- und Hörweite der asphaltierten Küsten-Umrundungsstraße. Blieben nur die reizvollen vorgelagerten kleinen Inselchen – *Motus,* die *Bora Bora* wie weißgrüne Edelsteine umrunden – oder auch ein Rundblick vom Hügel über der Bucht *Povaie* über die Lagune zu empfehlen, bevor Sie auf Ihr Boot zurückkehren, nach möglichst ausgiebigem Lagunen-Kreuzen Kurs auf *Moorea* nehmen. Kurs auf Ananasplantagen und Regenwald und Vulkankegel und Frangipaniblüten ...

Mo'ore'a – der „gelbe Drache", zwar eher der Form eines Herzens als eines Drachens gleichend, eher lieblich und sanft als Feuer-speiend und wild, wenngleich die mächtigen Vulkankegel bei der Einfahrt in die *Cook's Bay* – den beliebtesten Ankerplatz für Südsee-segelnde Landratten – die verborgen schlummernde Feuerkraft bezeugen. So zum Beispiel der berühmte „Haifischzahn" – *Mouaro,* von dessen spitzgezackter Seitenflanke ein kantiger Bergkamm, erstarrter Kraterrand eines erloschenen Vulkans westwärts läuft. Zu dessen Füßen sich dichter Regenwald, gefolgt von Plantagen, Palmen und Feldern über das Vulkanvorland zieht.

Sie sind gut bei Fuß, haben keine gröberen Rückenprobleme und große Sehnsucht nach der Begegnung mit südpazifischer Bergwelt?

Dann lassen Sie sich von einem ortsansässigen Führer – zumeist Franzose, nicht Polynesier – mit einem Jeep in die Berge entführen, zur Begegnung mit üppiger Tropenvegetation und bizarrer Vulkanlandschaft verführen – wenngleich Ihr Scheitelchakra in häufige Berührung mit dem Jeepdach, Ihre grüne Aussicht auf die Insel häufig unter braunrote Staubwolken geraten wird. Stein-auf und Fels-ab. Und Wald-einwärts. Und Plantagen-auswärts. Wenngleich erst nach ausgiebiger Holperpause. Die Rückkehr aus der Ananas-Plantage. Nach ausgiebiger Ananas-Pause. Ihr französischer Guide greift an Ihnen vorbei, greift hinter die Rückbank des Holper-Jeeps, zieht unvermittelt ein bedenklich langes Messer hervor, schlägt erstaunlich zielsicher die Ananas vom Strunk, den Strunk von der Ananas, die er elegant zerteilt, verteilt, Ihnen in exakt vorgeschnittenen Stückchen auf exakt geviertelter

Ananasschale überreicht – in deren goldgelb saftigem Fruchtfleisch Sie versinken, in aromatisch herbem Genuß ertrinken; Saft-triefend und Finger-klebend und Lippen-schmatzend und Zunge-rollend und Gaumen-erblühend die goldgelb-tropfenden Ananasstückchen verzehren. Ihre ungeteilte Aufmerksamkeit der Sie umgebenden Insel verwehren. Vorerst verwehren. Den Blick auf die gezackten Bergspitzen, in samtigen Moosüberwurf gehüllten Vulkankegel, bis Sie die letzten, Ihren Zähnen noch verbliebenen Ananas-Fruchtfleischfasern ausgesaugt haben, sehr zufrieden und genüßlich Ihre Blicke von den Ananasschalen ab und dem Plantagen-Hochland zuwenden, zwischen üppig tropischem Grün und tropisch üppigem Grün den Jeep, den Guide, Ihr Schiff, die Zeit vergessen – und sind. Punkt. Ganz einfach. Sie sind. Sehr lebendig, sehr zufrieden. Sehr wunschlos. Glücklich. Sind Sie.

Nicht so Ihr Guide, ohne den Sie den Weg in die Plantage nicht gefunden hätten. Er will weiter. Der französische Inselführer. Sie wollen nicht. Weiter. Dennoch müssen Sie. Weiter. Denn Zeit ist Geld und Geld ist Zeit, auch in der Südsee, gerade in der Südsee. Zumindest in *Französisch Polynesien.* Doch keine Sorge, darf Sie auch noch zur Begegnung mit einer anderen Welt verführen, zum Abschluß Sie auf die *Cook-Inseln* entführen. Dort wo die besten Tänzer der Südsee zuhause sind, nicht die stets Zeit-gehetzten, Zeit-verhetzten Europäer. Doch davon später. Zurück nach *Moorea,* zur verspeisten Ananas und den verstreut liegenden Ananasschalen und dem Guide, der Sie wieder steinauf, felsenab schütteln, rütteln will über fiktive Pfade und schmale Grate, um Sie mit unvergeßlichen Ausblicken auf südpazifische Buchten und unvergeßlichen Einblicken in südpazifischen Bergregenwald zu belohnen. Also halten Sie durch, irgendwann berührt Ihr Scheitelchakra wieder den sanften Himmel (symbolisch gesprochen, versprochen) anstelle des unsanften Jeepdaches, irgendwann führt Sie Ihr Guide noch einmal zu Fuß über Farben- und Formen- und Blüten-reiche Hügel und Ebenen und Plantagen; irgendwann dürfen Sie sich dann noch einmal, ein letztes Mal ins tropische Grün setzen auf Ihrer *Moorea*-Inlandtour, die feuchtheiße Tropenluft atmen, ein Zwiegespräch mit dem vielfältigen Leben vor und unter und über Ihnen beginnen, der Vielzahl an Pflanzen- und Baum- und Insekten- (und Stein-?) Lebewesen neue Einsichten abgewinnen.

Bis dem französischen Guide endgültig der von Ihnen ausgiebig strapazierte Zeit- und Geld- und Geduldfaden reißt, Sie wieder in den Jeep verfrachtet, felsab steinauf zurück zu Ihrem Schiff geschüttelt, gerüttelt werden. Vor welchem (dem Schiff) Sie sich schließlich als großzügig erweisen, wissend, daß Sie mit einem Vertreter der westlichen Zeit-Un-Kultur und nicht etwa mit einem Polynesier die gebirgige Südseeinsel durchholpert haben, Zeit somit Geld und Geld somit Zeit ist – und siehe da, der Vertreter der westlichen Zivilisationsgesellschaft hat sich bereits in Ansätzen der neuen Umgebung, seiner neuen ozeanischen Heimat angepaßt, schenkt Ihnen unvermittelt als freundschaftliche Willkommensgeste zwei frisch geerntete Ananasfrüchte, irgendwo zwischen langem Messer und Ihrem Rücksitz verstaut – zwei goldgelb reife Plantagenfrüchte, ursprünglich wohl eher der Verfeinerung des polynesisch französischen Abendessens im französisch polynesischen Inselhaus zugedacht. Lächelnd. Und sehr freundlich. Und überaus gelassen. Und in diesem Augenblick überhaupt nicht gestreßt und Zeit-verhetzt.

Der französische Polynesien-Bewohner.

Womit es nun langsam an der Zeit ist, sich dem „wirklichen" Polynesien zuzuwenden, dem Polynesien der Polynesier –

„last heaven on earth“ – dem letzten Paradies auf Erden – gemäß dem Werbeslogan der *Cook-Inseln*, der möglicherweise letzten Station Ihrer Reise durch die polynesische Inselwelt.

Stecken Sie sich keck eine zartrosa Frangipaniblüte oder eine dunkelrote Hibiskusblüte hinter's Ohr, legen Sie Ihre Jeans ab und Ihren auf dem Markt in *Papeete* gekauften *Pareo* an, streifen Sie vielleicht sogar noch die Muschelkette über Ihren Kopf (haben Sie nicht gekauft – nun, selbst schuld, wenn Sie meinen Ratschlägen keinen Glauben schenken) – und gehen Sie an Land, jetzt, wo Sie endlich die Sprache des Windes verstehen und in wachsame Kommunikation mit den Steinen treten können.

Rarotonga-Inselland. Steile Bergflanken, dichter Dschungel, leuchtender Regenwald, zur Küste hin abflachende Plantagen und kleine Siedlungen, Strände. Lagunen. *Motus*. Und Polynesier. Sehr lebendige, gastfreundliche, tanzbegeisterte Polynesier. Beinahe noch unverstellt. Die Gastfreundschaft, das Lebensgefühl der hier ansässigen Menschen. Polynesische Lebensart – jene Mischung aus Lebensfreude und Leichtigkeit, die einst europäische Seefahrer ins Schwärmen versetzte, so manchen von ihnen die europäische Heimat vergessen ließ angesichts der verführerischen Polynesierinnen, angesichts der von den Missionaren später so eifrig verfolgten Bereitschaft zu sinnlicher Freude und erotischem Genuß. Doch sie sind wiedergekehrt, die alten Götter und Legenden, zieren mit ihren eindeutig Fruchtbarkeit und Liebeslust assoziierenden Attributen heute wieder offizielle Dokumente, Briefmarken und Geldscheine. Ebenso wie die Tänze wiedergekehrt, nie ganz verloren gegangen sind; Tanz und Musik – Sinnbild polynesischer Lebenskunst, die sich nicht in steinernen Tempeln und Palästen (alte Kultstätten ausgenommen) oder geschriebener Literatur verewigt hat, sondern vorwiegend in mündlich tradierten Legenden und Gesängen. Und Tänzen.

Weitgehend verloren hingegen ist die hochentwickelte Seefahrtskunst der alten Polynesier, welche es den Vorfahren der heutigen Inselbewohner bereits 1400 Jahre vor *Kolumbus* ermöglichte, von Indonesien aus die unermeßlichen Weiten des Pazifik zu überwinden. Aus Asien kommend – so die Meinung der Wissenschaftler, aus Südamerika kommend, so die Meinung *Thor Heyerdahls*, der mit seiner *Kontiki-Expedition* diese Hypothese untermauern wollte.

Tausende Kilometer durch Wind und Wellen in einfachen Booten quer über den Pazifik – und die Weisheit des alten Häuptlings am Beginn unserer Reise – Sie erinnern sich – und die Navigationskunst der alten Polynesier, die sich ohne technische Hilfsmittel, ohne Kompaß und Sextant an Sonne, Sternen und Mond, an der Temperatur und Farbe des Wassers, an Lichtreflexen und Meereströmungen, Wolkenformationen und Meerestieren, an der Bewegung der Wellen – an der Sprache der Natur orientierten auf ihren weiten Reisen in ihren einfachen Segelkanus über den großen *Stillen Ozean* mit seinen überlangen Wellenbergen und Wellentälern. Und den irgendwo in die leuchtenden Wasserweiten eingestreuten Inselchen. –

Womit Sie nun endlich eintauchen können in das unermeßliche Blau über Ihnen und vor Ihnen und rund um Sie herum im warmen Lagunenwasser des *Muri Beach.* Wasser und Licht und Licht und Wasser. Und Palmen. Und Wind. Und Stille. Unterbrochen vom *Tamure,* dem wirbelnden, verführerischen Tanz der *Cook-Islander,* in jedem Dorf gepflegt und gehegt, in der Schule gelehrt, in nationalen Wettbewerben zur Hochform entfaltet – die getanzten Geschichten von Göttern und Halbgöttern, von Liebe und Sehnsucht, von *Tane* und *Vahine* –

Mann und Frau, von Blumen und Vögeln, Seereisen und Abenteuern. Sternen, Wind und Wellen. Warmen, leuchtenden Südseewellen.

Und wenn Sie sich nun schon am anderen Ende der Welt befinden und Ihre Weiterreise ans wiederum andere Ende der Welt mit einer kurzen oder längeren Neuseeland/Australienbegegnung unterbrechen sollten, dann vergessen Sie nicht, beim Abflug von *Rarotonga* aus dem Fenster zu blicken – einen letzten Blick auf den leuchtenden Smaragd unter Ihren Füßen zu werfen, auf die Gipfel der dunkelgrünen steilen Berge, verhüllt von blauweißen Tropenwölkchen, umkränzt von goldweißen Stränden, dem leuchtenden Türkis der Lagune, eingefaßt in das strahlende Weiß des Riffs, eingestreut in das unendliche Blau des Pazifischen Ozeans, des Pazifischen Himmels.

Argentinien

Anden

Buenos Aires

Pampa

Iguaçú, Brasilien

Die Verheißung des Regenbogens

Die Luft wird dünner, der Himmel klirrend, das scharfe Weiß der Hochlandwolken greller, das Orange und Rosa der ockerfarbenen Hänge der *Puna* heller, die vereinzelten Grasbüschel seltener.

Sie trinken gelbgrünen Cocatee, kauen Cocablätter, erheben sich langsam von Ihrem Sitz, steigen langsam aus einem der Waggons des Wolken-anstrebenden Zuges, „tren a las nubes", der sich von *Salta* aus die *Puna,* die Andenhochebene hinaufschlängelt, in Zickzack-Linien einen Höhenunterschied von fast 3000 m bewältigt. Sie überwältigt mit der langsamen Annäherung an argentinische Andengipfel, Sie des Atems beraubt durch den in wenigen Stunden zu bewältigenden Höhenunterschied. Vereinzelte Anzeichen von Sauerstoffmangel auslöst, weswegen Sie Cocablätter kauen und Cocatee trinken – gegen die Puna-Krankheit, Höhenkrankheit.

San Antonio de los Cobres. Vorletzter Stop vor dem Viadukt *La Polvorilla*, das sich in einer Höhe von 4.200 m über eine 224 m lange Schlucht spannt, Endziel der „Wolkenreise".

Sie steigen langsam aus dem Zug, bewegen sich langsam über den hellen Schotter der *Puna* auf die ärmlichen Häuser der kleinen Ansiedlung zu, spüren die Last des klirrenden Himmels auf Ihrer Brust, die alles durchflutende, klirrende

Stille der *Puna,* Andenhochebene in Ihren Ohren, entdecken ein *Vicuña,* das an spärlichen Grasbüscheln kaut, begegnen einem Indioknaben, der ein zahmes junges Lama an bunter Leine führt, Indiofrauen in grellroten Röcken und grellrosa Blusen, die Souvenirs verkaufen, Indiomännern mit zerbeulten Filzhüten, die die vorsichtig aus dem Zug wankenden, schwankenden, mit Sauerstoffmangel kämpfenden Puna-Besucher besichtigen.

Zurückhaltend, beinahe apathisch. Die in die kärgsten Täler der Anden zurückgedrängten Indios, die von den weißen „Eroberern" aus ihrem Land vertriebenen, beinahe ausgerotteten Indios. Die um's Überleben kämpfenden UreinwohnerInnen Amerikas, die keinen Platz haben in der Gesellschaft der Weißen, keine Anerkennung finden in den Ländern ihrer Ahnen, in Nord- und Südamerika.

Sie bewegen sich langsam unter klirrendem Andenhimmel durch die klirrende Stille der flirrenden Bergwüste, Andenwüste, Steinwüste. Blicken auf die ärmlichen Indiohäuschen, entdecken mit etwas Glück den lautlos gleitenden Schatten eines Kondors auf den Berghängen, vernehmen das Hupsignal des Wolkenzuges, das Sie wieder in Ihren Waggon zurückruft, Sie zur himmelnahen Begegnung nach *Polvorilla* lockt. Viadukt, beeindruckende Stahlkonstruktion unter tiefblauem, mittlerweile wolkenlosem Himmel. Der Zug über dem ausgetrockneten Flußbett, auf schwarzen Stahlverstrebungen zwischen Himmel und Erde balancierend; unter Ihnen, vor Ihnen, über Ihnen das rötlich-rosa-ockerfarbene Gestein der Anden, das sich in der Nachmittagssonne mit bunten Farbschleiern zu bedecken beginnt. Und Wind, die unablässige Sprache der *Puna,* die Stimme der Bergwüste, rauh, fauchend, schroff. In der klirrenden Stille, die Sie aus Ihrem Körper zu heben, Ihr Bewußtsein zu verschleiern droht. Die Stille. Und die *Puna*. Und die dünne Luft.

Der Zug hat sein Ziel, die Wolken, die Wolkengrenze erreicht, fährt wieder talwärts unter wolkenfreiem Himmel, Richtung *Salta,* Ausgangsstation Ihrer 14-stündigen Zugreise, *Puna*-Reise, Wolkenreise.

Lateinamerika. Gelandet auf dem Kontinent der Indios, im Land der *Inka* und *Maya*, der *Coya* und *Yanomami*. Dem latinisierten, europäisierten Kontinent, auf welchem noch immer die Kolonialherren über die Ureinwohner herrschen, die auf zahlreiche Ethnien, auf unterschiedliche Völker verteilten ursprünglichen Besitzer des Landes seit 500 Jahren vernichtet, an den Rand der Gesellschaft gedrängt, ausgegrenzt, unter die Armutsgrenze gedrückt werden. In Nord- und Südamerika. Kontinent des ungebrochenen Kolonialismus.

Sie fahren ein, in *Salta,* der barocken Kolonialstadt, in der Sie sich beinahe heimisch, europäisch, an Spanien erinnert fühlen, fühlten – wären da nicht die vereinzelt indianischen Gesichtszüge zwischen den barocken Kirchenfassaden und weiß getünchten Häusern, gäbe es nicht die subtropischen Blüten über dem Laubengang, die subtropischen Bäume in den Parks, auf dem Aussichtshügel *San Bernardo*, die überdimensionalen argentinischen „bifes", die Rindfleisch-Steaks und Bratenstücke, herb und zentimeterdick, die Sie daran erinnern, daß Sie in Südamerika, Lateinamerika, Argentinien, *Salta* gelandet sind, dem Ausgangspunkt für Ihre Erkundungstouren ins argentinische Andenland. Farbenland. Indioland.

Zum Beispiel in die *Quebrada de Humahuaca* – in die spektakuläre Andenschlucht, Farbenschlucht. Rot, orange, gelb, grün, bläulich, violett – in Regenbogenfarben leuchtend – die kilometerlange Steinschlucht, Bergschlucht, die Sie hineinlockt ins farbenbunte Indioland. Weglockt aus der subtropischen Vegetation

Saltas auf die herben Plateaus, in die kargen Dörfer der *Puna*. Vorbei an Steppengras, Dornbüschen und Kakteen, an Jahrmillionen-alten, übereinander gefalteten Bergrücken, durchzogen von rötlichem und ockerfarbenem Kalkgestein, nach *Purmamarca*. Indiodorf. Dorf der *Coya*-Indios am Fuße des *Cerro de los Siete Colores*, des „Hügels der Sieben Farben". Vor Ihnen der bunte Indiomarkt mit leuchtend bunter indianischer Web- und Handwerkskunst, dahinter die alte Lehmkirche – und der Berg, Farbenberg, Farbenhügel. Regenbogen-Berg. Sieben Hauptfarben und unzählige Farbschattierungen, Farbnuancen auf dem Hügel, in der Nachmittagssonne der *Puna,* über dem abgelegenen Dorf mit den apathisch vor ihren Häusern, apathisch vor ihren Ladentischen sitzenden, apathisch durch ihr Dorf streunenden Indios; *Coya*-Indianer, leuchtend bunt gekleidet, den großen Filzhut über das lange schwarze Haar gestülpt. Die seit Jahrhunderten duldsam ihre Unterdrückung, ihre Vernichtung, ihre Ausrottung hinnehmenden Indianer. Im verborgenen ihre alten Traditionen aufrechterhaltend – die „Hüter der Erde", die die Ausbeutung des Planeten, der Mutter Erde, *Pacha Mama*, durch die Weißen nicht nachvollziehen können, nicht mitmachen wollen. In deren uralter Tradition die Erde, das Land, das sie bebauen, bebauten, nie Eigentum des Menschen war, sondern stets nur Leihgabe, Geschenk der Erde an ihre Kinder. Das Land, die Natur. Welche daher weder ausgebeutet noch in Besitz genommen, mit Zäunen und Anspruchsrechten versehen werden kann, darf, die Erde, die den Menschen zur sorgsamen Pflege als Leihgabe geschenkt, anvertraut ist.

Duldsame, passiv hinnehmende Indios, die in den letzten Jahren langsam sich zu formieren beginnen, in Ecuador und Bolivien, am Amazonas und in Nordamerika, gemäß einer alten Legende der nordamerikanischen *Cree*-Indianer auf die Ankunft der „Regenbogenkrieger" warten, auf Menschen, die vereint wie die Farben des Regenbogens weltweit den Respekt und die Liebe für den Planeten neu erwecken, der Zerstörung der Erde und der Spaltung der Menschheit entgegenwirken werden, bereits entgegenwirken. Indios und Weiße vereint, laut einer alten Prophezeiung der in Guatemala lebenden Nachfahren der *Maya*, die von einem Ende der Feindschaft zwischen den Rassen spricht, von einer Mitwirkung am Wiedererstarken der Indiokulturen durch die Vertreter der weißen Rasse, die einst ihre Kultur niederwarfen, noch immer ihren Lebensraum bedrohen in den Regenwäldern Brasiliens, Venezuelas und Guatemalas, sie zurückdrängen in die entlegensten Gebiete der Anden, in die Slums der Städte.

Regenbogenkrieger, die die Kultur der Indios, die Wiederbelebung der indianischen Nationen, die Verbreitung des indianischen Wissens um die inneren Gesetzmäßigkeiten der Natur fördern werden, bevor das Gleichgewicht von *Pacha Mama* endgültig verloren ist und mit ihm die Vielfalt der Arten, die Ausgewogenheit des Weltklimas und der Natur.

Cerro de los Siete Colores. Im Licht der Nachmittagssonne. Regenbogenfarben hinter der alten Lehmkirche, Dorfkirche, in der *Francesco*, der heilige Franziskus und *Pacha Mama* gleichzeitig verehrt werden, in der die christliche Liebe zur Schöpfung und die indianische Weisheit und Verbundenheit mit den Energien und Kräften der Natur in konkurrenzloser Eintracht einander die Hand reichen – in den zahlreichen indianisch-christlichen Festen und Zeremonien des Andenhochlandes, durch welches Sie Ihren Weg fortsetzen, durch die Regenbogenfarben der Steinschlucht nach *Tilcara* gelangen, zur alten Inkafestung, sorgfältig restauriert von den weißen Argentiniern – das Bollwerk der zerstörten, in ihrer Blüte niedergeworfenen Inkakultur, von dessen Plattform aus Sie einen beeindruckenden Ausblick über die *Quebrada,* in den tiefblauen Himmel, auf die zwischen archäologischen Ausgrabungen und buntem Andengeröll aufragenden Kakteen genießen.

Sie reisen weiter, durch das Indioland, Andenland – klettern auf gut asphaltierter Straße bereits wieder höher unter stillem Himmel in dünner werdender Luft, flirrend im trockenen Wind der Anden. Die Stille. Der Himmel. Die Luft.

Humahuaca. 3000 m hoch.

Indiodorf, *Coya*-Dorf; Berg-farbene Häuser mit tiefgrünen Türen, die sich unter den klirrenden Himmel beugen, Lehmkapellen und spanisch koloniale, weiße Häuser, enge gepflasterte Gassen; stille, schwer bepackte Indiofrauen in mehrfach geschichteten, grellbunten Röcken, die Tragebündel um Brust und Rücken geschnürt haben, mit Gemüse und Mais beladen den Weg durch die staubigen Gassen vom Markt in ihr lehmfarbenes Haus, ihren lehmfarbenen Wohn-, Schlaf- und Küchenraum antreten. Die Indiofrauen auf der kargen Puna-Ebene, in dem kleinen Dorf vor den mächtigen Bergen, in dem Sie Quartier beziehen, sich einrichten für einen längeren Aufenthalt, Anden-Begegnungs-Aufenthalt mit *Coya*-Indianern und dem fauchenden Wind der *Puna,* mit kleinen abgelegenen Dörfern und stillen Wegen durch die Bergwüste, Regenbogen-farben im Licht der sich neigenden Nachmittagssonne;

um irgendwann, kaum daß Sie sich an die dünne Luft und den rauhen Wind gewöhnt haben, *Humahuaca* wieder den Rücken zu kehren, aufzubrechen in die *Calchaquíes*-Täler, im Nationalpark *Los Cardones* blühenden Kandelaberkakteen begegnen, in den kleinen Dörfern, die Ihren Weg säumen, die zahlreichen Lehmkapellen vor mächtigen Bergwänden bewundern, in *Molinos* endgültig Abschied nehmen von der flirrenden Stille, dem klirrenden Himmel der Anden.

Buenos Aires – ein großer Sprung; aus der stillen Bergwüste in die große lebendige Stadt, aus dem fernen Indioland ins Zentrum europäisch-lateinamerikanischer Kultur. Und Literatur. Und Musik. In *Buenos Aires*. Breite Avenuen, die berühmten Cafés der argentinischen Intellektuellen – *Tortoni* und *La Paz*, das *Teatro Colón*, die *Galería Pacífica* – Einkaufszentrum unter italienischer Fresken-Kuppel, die Regenbogen-farbenen, mehrstöckigen Wellblechhäuser von *La Boca*, einem der ältesten Viertel der Stadt; *Avenida Florida* und *Avenida Corrientes*, wo Sie sich mit lateinamerikanischer Literatur und Musik eindecken können, bevor Sie sich in eines der zahlreichen Tango-Lokale begeben, dem argentinischen, sinnlich-lustvollen Weltschmerz nachhängen, dem erotisch-rhythmischen Tanz erliegen, ein riesiges „bife" auf Ihrem Teller, schweren argentinischen Rotwein in Ihrem Glas, den Klangbogen der Stimmungen, der Leidenschaften in Ihrem Ohr, Ihren Emotionen, Ihren Reaktionen auf den argentinischen Wehmut-Tanz, erotischen Liebesgesang. Verführerisch gekleidete Frauen, elegant gekleidete Männer und die langsam zu verbleichen drohende Tango-Leidenschaft, überrollt, überholt von den modernen Rhythmen der „bailantes", der modernen Tanzlokale der europäisch-lateinamerikanischen Stadt.

Leidenschaften. In *Buenos Aires*. Tango: langsam am Verklingen. Fleischkonsum: unersättlich. Modernisierung, die Lust am Fortschritt: voll im Trend. *Machismo*: unverwüstlich. Ebenso wie Fußball. Und Kunst: unermüdlich. Bliebe noch die Gaucho-Romantik, Gaucho-Leidenschaft, die illusionäre Verheißung der großen argentinischen Freiheit: unzerstörbar.

Der Gaucho-Mythos vor den Toren der Stadt. In der *Pampa*. Argentiniens endloser Grassteppe unter durchsichtigem Himmel.

Pampa, Land der Gauchos – Sinnbild der „Argentinidad", des ins Klischee gepreßten Nationalcharakters – der tapfere, starke, freiheitsliebende, berittene Viehhirte der weiten Grassteppe unter dem gewaltigen Himmel. Ursprünglich von Indianern abstammend, der berühmte Reiter und Pferdebändiger, dessen Name in Indianersprachen wurzelt, soviel wie „Waise" bedeutet. Der einsame Reiter, dessen Nachfahren – ebenfalls großteils Mestizen und Angehörige des Indianervolkes der Guaraní – auf den riesigen Estancias, den Rinderfarmen als Viehhirten arbeiten, auf der endlosen Grassteppe unter dem endlosen argentinischen Himmel. Zwischen Dornbüschen und Staub, Wind und Sonnenglut. Auf dem weiten Korn- und Gras- und Weideland.

Sie stehen vor dem weiß gestrichenen Eingangstor, Holzgatter einer *Estancia,* betreten unter zwei mächtigen Ombú-Bäumen den staubigen Feldweg, der Sie zum Haupthaus, dem weißen, im spanischen Kolonialstil erbauten Herrenhaus mit europäischer Einrichtung, europäischem Inventar führt. In welchem Sie für die nächsten Nächte ein Zimmer beziehen, in den nächsten Tagen teilnehmen am Leben, an den Riten der *Pampa;* Gauchos begegnen, die Ihnen neben ihrer täglichen Arbeit ihre Reitgeschicklichkeit in Reiterspielen präsentieren, mit „bombachas", den weiten Pluderhosen, und Silbermünzen-besetztem Gürtel ausgerüstet, die von Härte und Zähigkeit kündenden Sporen an den Stiefeln oder nackten Füßen montiert.

Tage, die Sie irgendwo zwischen Ebene und Ebene unter durchsichtig klarem oder drohend wolkenschwerem Pampa-Himmel verbringen, auf dem Rücken eines Pferdes, unter dem Schatten eines Ombú-Baumes, zu Fuß auf einem der Pfade, die die *Estancia* durchqueren.

Abende, an denen Sie am Ritual des Mate-Tee-Trinkens teilnehmen, gemeinsam mit den Besitzern und Arbeitern der *Estancia* über offenem Feuer gerösteten Braten – *asado* – verzehren; Fleisch, wie immer Fleisch, schweres argentinisches Rindfleisch mit *Chimichurri* unter endlosem Pampa-Himmel; unwillkürlich angesteckt werden von der viel besungenen Gaucho-Romantik, Lagerfeuerromantik, bis Sie spät in der Nacht das koloniale Herrenhaus betreten, die Freiheit unter argentinischem Sternenhimmel gegen luxuriöse Möbel und Vorhänge aus Europa eintauschen, vertauschen. Oder aber sich eine Hängematte geben lassen, zurückkehren in die *Pampa* unter den endlosen Himmel über der endlos weiten Ebene, sich zwei geeignete Ombú-Bäume suchen, Ihre Hängematte an stabile Äste knüpfen – und Ihren höchst individuellen, argentinischen, amerikanischen Freiheitstraum erleben. Verschlafen. Eine Nacht lang. Oder zwei. Oder drei. Bis Ihnen das allabendliche Rindfleisch endgültig zu schwer und die hitzeflirrende Weite der Ebene endgültig zu leer wird, Ihre Neugier erwacht, die Möglichkeit eines Ausflugs in die subtropischen Regenwälder im Nordosten Argentiniens das Reisefeuer Ihrer Phantasie entfacht.

Iguaçú. Auf dem Weg durch den Dschungel. Auf roter Lehmpiste, Erdpiste unter üppig grünem Blätterdach zu den mächtigen Wasserfällen des *Río Iguaçú*, der knapp vor seiner Mündung in den *Paraná* über eine 2500 m breite Felsrampe 70 m in die Tiefe stürzt, fließt, jagt. An der argentinisch-brasilianischen Grenze. Die Sie möglicherweise mehrfach überschreiten werden aufgrund der unterschiedlichen Ansichten, Aussichten auf die *Cataratas*, Wasserfälle, die großteils auf argentinischer Seite liegen, dennoch von Brasilien aus besser zu bestaunen sind. Auf dem Panoramaweg, von dem aus Sie den Canyon, die in die Tiefe stürzenden Wassermassen der zahlreichen Fälle bestaunen können. Wenngleich Sie dem *Garganta del Diabolo*, „Teufelsrachen", dem beeindruckendsten, wildesten Wasserfall von argentinischer Seite aus am nächsten kommen – dem Anblick ebenso wie der direkten Kontaktaufnahme mit dem kalten Sprühregen auf dem feuchten Steg vor dem Fall.

Feucht. Der Ausflug in dem kleinen Schlauchboot, in welchem Sie das Niederdonnern der Fluten aus der Perspektive des aufprallenden Wassers erleben.

Feucht. Ihre Exkursion durch den subtropischen Dschungel über rote Erde auf schmalen Pfaden unter dichtem Blätterdach durch den *Parque Nacional do Iguaçú*. Brasilien. Wanderungen auf alten, von Indios geschlagenen Wegen, auf denen ein brasilianischer Regenwald-Guide Sie zu verborgenen Flußläufen führt, Sie auf Tukane und Nasenbären aufmerksam macht, Ihnen vor Hunderten von gelb-leuchtenden Schmetterlingen auf dem schlammigen Uferboden eines kleinen Bachs eine subtropische Regenwald-Verschnaufpause gönnt, bevor Sie auf Umwegen, Regenwald-Wegen wieder zum Jeep zurückkehren, sich neuerlich den Fällen, dem unaufhörlichen Dröhnen der unablässig in die Tiefe stürzenden Wassermassen nähern.

Gerade noch rechtzeitig, um das Lichtspiel über der abendlich sich färbenden Flußlandschaft zu beobachten; gerade noch rechtzeitig, um den Flug der Vogelschwärme im Licht der untergehenden Sonne, durch die Sprühregen der niederstürzenden Fälle zu verfolgen; gerade noch rechtzeitig, um auf dem leuchtend roten Schnabel des Tukans hoch über Ihnen den letzten Sonnenstrahl verglühen zu sehen.

Iguaçú – „das große Wasser" – in der Sprache der Indios; in der Legende der *Caingangues*-Indianer Produkt des Liebesschmerzes eines eifersüchtigen Gottes. Die wilden, tosenden Fälle, der Riß durch die Erde, der den ruhig strömenden Fluß plötzlich in die Tiefe zieht, abstürzen, niederregnen, unter leuchtenden Regenbögen aufprallen läßt; Farbbögen, Lichtbögen, die die Fälle im Sprühregen des niederstürzenden Wassers mit dem neuen Bett des Flusses verbinden, bunte Lichtbrücken spannen über den Urwald, über die langsam sich beruhigenden, wieder zu einem Fluß, in einem Fluß sich einenden Wasser des zerrissenen, zerbrochenen, unterbrochenen *Río Iguaçú.*

Brasilien

Amazonien

Der weite Weg zur Landung

Sie lieben Schiffsreisen, möglichst unkonventionell und „hautnah", „wassernah", haben mich auf meinen feuchten Bootstouren durch die Seychellen-Inselwelt und auf meinem Segeltörn in der Südsee begleitet; Sie wurden – ganz im Gegensatz zu mir – weder im *Indischen* noch im *Pazifischen Ozean* seekrank, können auf Luxus verzichten, in einer 2 m² großen Kabine in knarrenden Stockbetten übernachten und haben auch gegen eine oder zwei Regenwaldübernachtungen in einer Hängematte nichts einzuwenden? Sie können damit leben, sich zwei Wochen ausschließlich mit Flußwasser zu reinigen, benötigen für die innere Reinigung jedoch *Cachaça* – brasilianischen Zuckerrohrschnaps, nach Möglichkeit in Form von *Caipirinha* mit Limetten und Eis, zur Not auch ohne Limetten und ohne Eis, dafür nächtlichem Regen im nächtlichen Regenwald? Nun, dann herzlich willkommen an Bord eines Amazonas-Expeditionsbootes, das Sie und mich in ferne Dschungelwelten den *Rio Negro* aufwärts, zum *Rio Branco*, in so manchen Seitenarm und wieder zurück entführen wird.

Beginnen wir zur Abwechslung doch einmal konventionell, sozusagen am Beginn, am Anfang. Mit Reiseantritt. Beginnen wir im europäischen Hochsommer, kältegebeutelt von den Klimaanlagen am Frankfurter Flughafen. Bereiten wir uns darauf vor, nach elfstündigem Flug im brasilianischen Winter bei möglicherweise +1 Grad so ungefähr gegen 5 Uhr früh in *São*

Paulo zu landen. Gehen wir davon aus, daß wir frierend, mit Hühnchen oder Pasta genährt und übernächtig (außer Sie gehören zu jenen beneidenswerten Flugzeugschläfern, die jede Atlantikturbulenz selig verträumen) – also gehen wir davon aus, daß wir frierend und übernächtig 5 Stunden im frühmorgendlichen *São Paulo* angesichts geschlossener Coffee-Shops und ungemütlich zugiger Wartehalle auf unseren Anschlußflug nach *Manaus* warten. Werden. Bis wir einander schließlich die Gangway der nur geringfügig verspäteten Maschine mit winterschweren Beinen erklettern sehen – um neuerlich mit Huhn oder Pasta statt Frühstück und Kaffee konfrontiert zu werden – bis sich schließlich weit unter unseren im Flugzeug befindlichen Füßen die Entschädigung für all die unbequemen Unannehmlichkeiten eröffnet – leuchtendes Tropengrün durchzogen von leuchtendem Tropenfluß – doch kaum erblüht, schon ist er verglüht, der in hoher Höhe geträumte Tropentraum, verglüht in mächtigen Rauchwolken, die sich in den Tropenhimmel türmen, vertrocknet in rotem Wüstenstaub, der nach Brandlegung und kurzer Bewirtschaftung weite Teile der brasilianischen Bundesstaaten *Mato Grosso, Rondônia* und *Alto Xingú* bedeckt.

Der Traum zerplatzt, Schmerz breitet sich aus, Zweifel nagt an der Sinnhaftigkeit des Regenwald-verhafteten Reiseplans, der langen Flugzeugnacht, des kühltristen Morgens. Die brasilianische Flugzeugpasta vertrocknet langsam in der angebrochenen Aluminiumfolie, die gleichgültige Antwort der Stewardeß auf die Frage nach der unberührten *selva,* dem unauffindbaren Regenwald („wir fliegen doch schon längst über die *selva*", Fingerzeig auf Rauchwolken und rote Wüsten), kühlt die Stimmung auf brasilianische Wintertemperatur –

bis sich endlich, nach zweistündigem Flug das Grün wieder verdichtet, die kleinen Tropenwölkchen den Blick auf die mächtige Regenbogenschlange, den mächtigen Fluß und seine Seiten-

und Nebenarme freigeben, der Amazonas sich unter unseren Augen breit und mächtig durch sein grünes Liebesbett schlängelt – die Maschine langsam zum Sinkflug auf *Manaus* ansetzt; Sie – und ich – aus der kalten Flugzeugluft in tropisch warme Äquatorluft, aus der Ankunftshalle hinaus in die feuchtgrüne Tropenwelt treten, tief durchatmen – und ankommen – in Brasilien, *Manaus,* Tropenstadt – Tor zum Regenwald – *selva* – Dschungel.

Soweit der konventionelle Beginn unserer Reise – noch können Sie wählen, noch haben Sie die Möglichkeit abzuspringen von unserer Bootstour, die uns fernab der Zivilisation in den größten zusammenhängenden Regenwald der Erde entführen wird. Abspringen in ein klimatisiertes tropisches Luxushotel, wo Sie den Tag am Pool verbringen, einen oder zwei organisierte Abstecher in den Manaus-nahen Regenwald unternehmen – fix gebucht mit inkludiertem Lunch und ortsansässiger Reiseleitung, Minimum fünf Stunden, Maximum acht Stunden Regenwald-Action-live, Anreise im vollklimatisierten Bus, Rückreise im vollklimatisierten Bus, unterwegs ein Stop in einem Touristenladen, damit Sie sich mit Souvenirs eindecken können, nach der Regenwald-Rückkehr rasch in die Shopping-Mall des Hotels, um die noch feuchten Regenwaldfotos entwickeln zu lassen.

Alles (beinahe alles) ist möglich, in *Manaus,* touristische Tagestrips und mehrtägige Erkundungstouren und mehrwöchige Expeditionsreisen und –

wählen Sie aus, suchen Sie sich Ihre Art der Begegnung mit dem Regenwald, mit dem Amazonas, mit der artenreichsten Landschaft des Planeten, mit jenem Wasserspeicher der Erde, in dem ein Fünftel des Süßwassers zirkuliert, von dessen geschätzten 5 bis 30 Millionen unterschiedlichen Pflanzengattungen gerade erst 30.000 identifiziert sind, in dem ein Drittel der bis heute bekannten Insektenarten endemisch ist, aus dem 25% der Wirkstoffe der modernen Pharmazeutika stammen; Amazonien – wie wollen Sie der bedrohten Schatzkammer der Natur begegnen, in die sich Brandrodung, industrielle Plantagen, Rinderfarmen, Staudämme, Gold- und Minenprojekte hineinfressen, immer tiefer in das Herzland des Waldes vordringen, weder vor Indianerreservaten noch geschützten Waldreserven haltmachen?

Ein bequemer Tropenausflug an der amazonischen Wirklichkeit vorbei oder eine etwas unbequeme Reise in die faszinierende Welt eines in sich geschlossenen Natursystems? Die Reiselust, der omnipräsente Reisedurst hat für mich (hat für Sie?) entschieden, bleibe daher der ReiseVerführung treu, verlasse nach einer kurzen Akklimatisierungs- (Entklimatisierungs)-nacht in Windeseile das klimatisierte Tropenhotel, dessen Innentemperatur wieder an den fernen brasilianischen Winter erinnert, und eile auf jenes bereits zu Beginn dürftig beschriebene Amazonasboot – erkenne mit Genugtuung, daß Sie mir folgen, ebenfalls an Bord gehen, allerdings – ja, ich sehe es mit Scham und Schrecken – Sie sind besser ausgerüstet als ich, haben einen kleinen Seesack dabei, während ich meinen im Schalenkoffer verstauten Rucksack mühsam hinter mir her ziehe – will ich (wollen Sie?) doch nach der Amazonasbegegnung noch weiter nach *San Salvador* oder *Recife* oder *Rio de Janeiro*. Sie schütteln lächelnd den Kopf, beziehen Ihre Kabine, leicht und wohlgemut, ich zwänge mich in die Kabine, gepäckbeschwert und mir selbst nicht gut; verzweifle kurzfristig an dem Fehlen irgendwelcher Einrichtungsgegenstände in Form von Kästchen oder Schrank, besinne mich des Rates des Expeditionsleiters, die „überflüssige“ Kleidung (also eigentlich jegliche Kleidung abgesehen von kurzer Bordhose, langer Dschungelhose und zwei T-Shirts) Luftfeuchtigkeits-geschützt im Koffer zu belassen, schiebe das lästige Gepäckstück samt Inhalt kurzerhand unter das knarrende Bett – und finde mich mit Ihnen an Deck des Clippers ein – gerade noch rechtzeitig zur Ausfahrt aus *Manaus,* zur Einfahrt ins Regenwaldabenteuer.

Doch, wirklich, gestatten Sie mir in diesem amazonischen Fall einmal das Wort „Abenteuer" – Sie werden sehen, werden noch feststellen, daß ich recht behalte – oder soll ich bereits vorgreifen, mitten hinein ins dunkle Wasser des *Rio Negro* hüpfen und Ihnen von einem kleinen Abenteuer unter vielen anderen kleinen Abenteuern berichten auf dieser unserer gemeinsamen „Expedition"? So der offizielle Titel unserer Reise – Sie blicken erstaunt, ich nicke mit Genugtuung. Und springe – mitten hinein ins warme dunkle Naß des *Rio Negro ...*

Sie und ich, wir befinden uns bereits seit einigen Tagen an Bord, weit hinter uns die sogenannte Zivilisation, vor uns, neben uns, hinter uns Regenwald, überflutet, bis zu 15 m hoch überflutet – daher gleichen unsere Beibootausflüge auch eher Rundflügen in luftiger Waldeshöh' zwischen mächtigen Baumkronen und mächtigen Dschungelwipfeln als Bootstouren.

Wir befinden uns also seit mehreren Tagen an Bord, tuckern tagsüber flußaufwärts, blicken auf dunkle Wellen und langsam vorbeiziehende, leuchtende Ufer, suchen allabendlich einen „Schlafbaum" für unser Schiff, möglichst Käfer- und Insekten-frei, der Schlafbaum; unternehmen täglich mehrere Erkundungsfahrten mit dem Beiboot, zumeist bei Sonnenaufgang, Sonnenuntergang und in der Nacht, gingen am Beginn unserer Reise tagsüber in *Caboclo*-Dörfern an Land, tauchten ein in amazonisch feuchtes Dorfleben über Pfählen, nahmen teil an Maniokverarbeitung und *Piranha*-Fischfang-Zügen, begegneten weiter stromaufwärts nur noch selten Menschen, aufgrund der säurehaltigen Wasser des *Rio Negro* keinen Moskitoschwärmen, dafür jedoch Schwärmen von Papageien, Webervögeln, einem Faultier, einer Tarantel, mehreren Kaimanen, Orchideen-bewachsenen Kapokbäumen, rosa Flußdelphinen ohne Rückenflosse, Aras und Eisvögeln – und befinden uns nun zum Zeitpunkt unseres Zeitsprungs kurz vor der Einfahrt in den *Rio Branco* – Weißwasserfluß – Moskitofluß; als unser Expeditionsleiter unerwartet die expeditionsfreudige Idee äußert, unser Expeditionsboot ohne uns flußaufwärts zu entsenden und mit Hilfe eines einheimischen Lotsen eine sogenannte Abkürzung von drei bis vier Stunden im kleinen Beiboot quer durch den überschwemmten Wald zu versuchen. „Der Lotse weiß den Weg, sagt er", sagt der Lotse, sagt der Expeditionsleiter, immerhin ist er – der Lotse – seit dem Ende der Regenzeit sicherlich schon einmal durch den überschwemmten Wald gefahren, hat sich auf der drei- bis vierstündigen Fahrt mit Sicherheit den richtigen Wasserweg zwischen Baum und Baum und Baum gemerkt. Also Bootswechsel – gegen 14 Uhr – geht doch die tropische Sonne erst vier Stunden später unter, haben wir somit genug Zeit für unsere kleine QuerWasserWaldEin-Aktion.

Kühlbox mit Getränken, Regenhaut, ein paar Ruder, falls der Außenbordmotor zu heftig mit einem der schwimmenden Baumstämme kollidieren sollte, der Lotse, der Captain, der Expeditionsleiter und wir – Sie ganz offensichtlich seelenruhig, ich ganz offensichtlich etwas besorgt – nun, wie Sie ahnen, wissen, einer der Gründe, warum die omnipräsente Reiselust mich immer wieder auf Vertrauen-lehrende Reisen schickt: mein stetes Mißtrauen, meine Befürchtung, irgendetwas könnte mißraten, irgendwie könnte irgendetwas anders ausgehen als geplant; wir könnten in unserem amazonischen Fall beispielsweise den Wasserweg nicht finden, der Lotse könnte sich verlotsen, die Nacht könnte über uns hereinbrechen (herein?), der Rückweg wäre abgeschnitten (entglitten), wir sitzen in dem kleinen Beiboot im wörtlichen Sinn des Wortes eine Nacht lang fest, irgendwo zwischen Überschwemmungswald und Überschwemmungswald und nachtaktiven hochgiftigen Buschmeisterschlangen und Taranteln und Brüllaffen und Kaimanen und ... sitzen fest.

Okay, es geht los. Wir setzen uns auf die kleinen harten Holzbänke und starten unsere Abkürzungstour, quer durch den Wald, mit dem Boot.

Es beginnt leicht zu regnen, es scheint dunstig die Sonne, es hört auf zu regnen, die teefarbenen klaren Wasser des *Rio Negro* spiegeln exakt die mächtigen Tropenwolken wider, der touristische Bootsinhalt blickt auf die weite Wasserfläche, der Lotse blickt auf die weite Wasserfläche, der Motor surrt, der Captain hält Kurs, 50 Minuten, 55 Minuten, der Captain wird unruhig, hält Kurs, wirft schließlich quer über unsere Köpfe dem Lotsen eine Frage zu, der Lotse nickt, der Captain dreht bei, fährt neuerlich 20 Minuten, 30 Minuten, der Lotse gibt ein Zeichen, deutet plötzlich auf eine über einen Ast gestülpte Schnapsflasche, die inmitten der überschwemmten Waldlandschaft die Einfahrt in die enge, Baum-reiche „Wasserstraße" Richtung *Rio Branco* markiert; Boot wenden, Kopf senken; die Expedition nimmt ihren gehemmten Lauf – Baumstämme über Wasser, Baumstämme unter Wasser, Baumstämme, die auf dem Wasser treiben, dicke Äste in Augenhöhe, dicke Äste in Brusthöhe, Gebüsch und Insekten-beladenes Gestrüpp in Schulterreichweite, ein treibender Baumstamm von vorne, ein spitzer Ast von oben, ein mächtiges Motorengeheul, ein unsanfter Ruck, eine Ladung flinker Käfer an Bord, eine Ladung flinker Ameisen im Genick – und weiter geht die gehemmte Expedition durch den Überschwemmungswald; Kopf runter, Boot rüber – die Sonne sinkt, der Zeitplan mißlingt – der Lotse beginnt sich zu verlotsen(!), die Schnapsflaschen verdünnen sich, das Gestrüpp verdichtet sich, die Spannung steigt, der Motor schweigt;

Nachdenkpause – wir kehren um, umrunden bereits umrundete Bäume, erkunden bereits erkundete Wasserräume – Sie lassen sich das dritte Bierchen aus der Kühlbox reichen während die letzten Sonnenstrahlen irgendwo über unserem grünen Blätterdach entweichen.

Der Lotse erkennt einen abgesäbelten Ast, der Expeditionsleiter hat die Lage erfaßt – und lotst den Lotsen und den Captain und das Boot mit viel Geschick, mich beißen Ameisen im Genick.

Nun ja, eigentlich versuche ich – Sie ahnen es – die in mir sich türmende Unruhe zu ver-dichten, wegzudichten, damit sie sich nicht noch mehr verdichtet – die Unruhe, Sie verstehen, bleiben ganz ruhig, oder nein, nein, Sie trinken zuviel, in solch einer spannenden Situation trinkt man doch nicht, aber vielleicht trinkt mann immer in solchen Situationen und frau hat's bloß noch nicht kapiert.

Oh Wunder, der Wald entdichtet sich plötzlich, der Wasserweg scheint gefunden, die Krise scheint überwunden, die Sonne ist entschwunden – und auch das Wasser und auch der Fluß – mein Gott, das Boot zu schieben wird kein Genuß!

Der Fluß ist weg, doch nein, nicht der Fluß, ganz im Gegenteil, der *Rio Branco* ist nahe, 400 m – so ungefähr – von unserem gestrandeten Boot entfernt, aber das Wasser, das den Wald überschwemmt, es hat sich zurückgezogen, fortgeschwemmt.

Das Wasser hat sich zurückgezogen, Hosen und Schuhe werden ausgezogen, Füße und Bootsplanken werden durch den Schlamm geschoben, über Baum und Gestrüpp gehoben – bis wir endlich den *Rio Branco* erreichen, völlig verdreckt die

Innenwelt des Bootes mit Lehm bestreichen – und froh und heiter geht die Reise weiter – mit dem kleinen Beiboot zum großen Hauptboot, irgendwo zwischen Wald und Wald, das Wiedersehen ereignet sich dennoch nicht so bald.

Doch, doch, es ereignet sich, nur keine Sorge, ja, etwas durchnäßt und verschlammt, Ameisen-gebissen und Gebüsch-zerkratzt kehren wir später – etwas später als geplant – zurück an Bord, zurück zu unserer Flußwasserdusche und der phänomenalen Köchin und dem *Caipirinha*-mixenden Steward und dem *Pirarucu*-Amazonas-Leckerbissen-Abendmahl.

Abenteuer? Zu milde? Zu sanft? Nun, dann muß ich Sie enttäuschen, viel heftiger wird's nicht mehr werden, immerhin sind wir nicht auf Nervenkitzel-Action-Urlaub nach Amazonien gereist, sondern haben uns vielmehr auf eine Begegnungsreise eingestellt – berührende, lehrreiche, unerwartete Begegnungen mit dem Regenwald, mit dem Fluß, mit uns selbst.

Sind einander doch soeben gerade schlammverputzt begegnet, werden uns selbst, unseren heimlichen Zwängen und Zivilisations-übertünchten Ängsten neuerlich begegnen in unserer kurz bevorstehenden Hängematten-Dschungelnacht, wollen zuvor allerdings auf einem unserer Nachtausflüge in einem der zahlreichen Seitenarme des Flusses einer Eule, zwei Nachtfalken, einem Kaiman, unzähligen Fröschen, unzähligen Grillen, unzähligen Sternen und einem sanften Mond begegnen, der schüchtern in seine noch sehr schmale Hängematte klettert.

Wollen zuvor weiters noch einigen mächtigen Seiben im Morgenlicht und einigen tanzenden Papageien im Abendlicht und einem riesigen Tukan und einem grauen Flußdelphin mit Rückenflosse entgegenfahren, bevor der Dschungel uns hautnah und nächtlich betört, verstört.

Dschungel. Regenwald. Und die wenigen Landgänge im *terra-firme*-Wald, dort, wo das jährliche Hochwasser den Waldboden nicht erreicht, dort, wo mächtige Baumkathedralen das Sonnenlicht abfangen, verschlucken, der darunterliegenden Strauch- und Krautschicht beinahe zur Gänze das Licht wegtrinken.

Landgang. Das Schiff hält Kurs auf den *Rio Cuieras*, ankert irgendwann irgendwo zwischen Grün und Grün, wir klettern ins Beiboot, fahren die verbleibenden 100 m ans Ufer, hüpfen auf's lehmige Land und wandern los – über lehmigen Boden und modernde Blätter, über kleine Bachläufe und große Baumstämme, folgen im Gänsemarsch dem fiktiven Weg, den der Steuermann soeben mit Machete und Beil erfindet. Spitzen unsere Augen und Ohren, vernehmen eine Unzahl von Stimmen und Klängen, erkennen trotz des Dämmerlichts im hohen dichten Wald eine Vielzahl an Kräutern und Sträuchern und Lianen und Epiphyten und Farnen, blicken zwischendurch sehnsüchtig auf den Kessel in der Hand des Expeditionsleiters, in dem unser Abendessen schaukelt, öffnen unsere Lippen dem Inhalt einer Wasserliane, die der Captain entzweischlägt und zwischen unseren Lippen entleert, hüten uns davor, uns an den Stachel-überzogenen Palmenrinden der Stachelpalmen abzustützen – rutschen lieber durch den Lehm, als mit den spitzen Dschungelstacheln Seeigel-ähnliche Bekanntschaften zu schließen; keuchen, schnaufen, schwitzen, hügelauf, bachab, lehmauf, lehmab über modernde Blätter und rutschigen Waldboden – bis wir endlich unser „Lager“ erreichen, bis wir irgendwo im Lehm zwischen mehreren umgestürzten Baumstämmen Halt machen, die Rucksäcke in den Lehm stellen, den Kessel in den Lehm stellen – und der Regenwald seinem Namen Ehre macht, es regnen läßt – sehr warm, sehr weich, sehr heftig regnen läßt.

Naß. Triefnaß im Regenwald. Schweißnaß, Luftfeuchtigkeitsnaß. Regennaß. Im Regenwald. Dämmerwald. Übernachtungswald. Auf der lehmigen Regenlichtung. Regenverdichteten Lehmlichtung. Doch Regenwald-bezwingende Männer sind im Gegensatz zu manch Regenwald-begegnender Frau durch nichts zu erschüttern, Männer behalten den Überblick, Frauen fügen sich gelassen in ihr Geschick, Männer rammen Baumstämme in den Boden, Männer errichten ein Gerüst für Hängematten, Männer legen eine mächtige Regenschutzplane über das Gerüst, richten eine Feuerstelle ein, gießen Zuckerrohrschnaps aus, während Frauen froh sind, daß es Männer gibt, die Männerarbeit verrichten im archaischen Dschungel. Aufgeklärte europäische Frauen, stets um Gleichberechtigung kämpfende Frauen, die im Regen-reichen archaischen Dschungel froh sind, daß Männer Männer sind, die für Frauen ihre Muskeln anstrengen, einen regensicheren Unterschlupf bauen, eine Feuerstelle einrichten –

soweit das einzig archaische Wort meinerseits zur Geschlechterbeziehung – situationsangepaßt, dem Regenwald und seinen äußerst vielfältigen Erfahrungsmöglichkeiten angepaßt.

Unterschlupf gebaut, Hängematten regengeschützt nebeneinander aufgehängt, Platz genommen auf morschen Baumstämmen, Feuer gemacht, Essen gerichtet – Tropennacht eingefallen, Regen aufgehört – 12 Stunden tiefe schwarze Dunkelheit und der Chor unzähliger Stimmen im Wald und ein mächtiger Wurm – nein, keine Schlange, ein Wurm, der an der Feuerstelle vorbeikriecht, und der lehmige Gang in die Hängematten und das Tropfen großer Tropfen auf die Plane und die kühle Dunkelheit und das langsam anflauende Schnarchkonzert der Männer – ja, wir sind soeben wieder bei den Kehrseiten angelangt – und die nicht enden wollende Nacht und die kühle Feuchtigkeit und der Gedanke an den möglichen morgendlichen giftigen Schuhinhalt und die Stimmen des nächtlichen Dschungels und die Schnarchtöne der Dschungellager-errichtenden Männer …

Und das immer stärker sich ausbreitende Gefühl, ein unnützer Eindringling zu sein in dieser bis in die kleinste Nische durchorganisierten Pflanzen-, Tier- und Mikroorganismengemeinschaft namens Regenwald, gefolgt von dem sicheren Wissen, ein unnützer Eindringling zu sein in einer Landschaft, die keinen „Wirtsbaum" kennt für touristische Kurzzeit-Vorbeifahr-Touristen – und die Bestätigung dieses Gefühls und inneren Wissens einige Tage später in der Begegnung mit zwei Vertretern des Indiovolkes der *Tukano,* irgendwo am *Rio Carabiani.* Ja, wir sind endlich angelangt am Kern der Reise, am Kern der Geschichte – bei den *Indígenas* – den rechtmäßigen Ureinwohnern des Kontinents, bei den Vertretern einer Kultur, die von den Weißen bis heute verfolgt, ausgeraubt und in ihrer Existenzgrundlage bedroht wird. Vertreter einer Kultur, die seit Jahrtausenden in wunderbarer Harmonie mit und von dem Wald lebt; Menschen, von denen wir sehr viel an verdrängter, wegrationalisierter Lebensweisheit wieder-erlernen könnten, verschüttet und vermauert in unserer westlichen Zivilisation – das vielfältige Wissen um die belebte Natur, die Achtung vor jedem Lebewesen, das Wissen um die Einheit allen Lebens, um die unerläßliche Notwendigkeit des Gleichgewichts zwischen Geben und Nehmen in allen Bereichen des Seins; die Kenntnisse der Schamanen dieser Völker über die vielfältigen Energien der Natur, der Seelen, der Körper, die auf uns einwirken, mit denen wir in liebevollen, hilfreichen Kontakt treten können. Könnten.

Das Zentrum Ihres/meines Ausflugs in den amazonischen Regenwald – die Begegnung mit Vertretern der indigenen Völker –

und der mit ihnen gemeinsam zurückgelegte Pfad durch den Wald, ohne Beil und Machete, ohne künstliches, aus dem Boden gestampftes Lager und Plastikplanen-geschützten Unterschlupf: der Indio-geführte Weg durch den Wald – Dschungellehrpfad, Seelenlehrpfad. Verwandlungspfad, der das unnahbare fremde Ökosystem Regenwald, das es – möglichst aus der Ferne – zu schützen gilt, plötzlich in einen Heimat-spendenden Wald verwandelt, Sie – und mich – endlich ankommen läßt in Amazonien, landen läßt in dieser faszinierenden, großartigen, Staunen-erregenden Dschungelwelt – geführt und geleitet von den Bewohnern dieses Waldes, von jenen Wissenden, die seine Gesetze kennen. Menschen, deren Zahl von den weißen Einwanderern in den letzten 500 Jahren von 5 Millionen auf heute noch 300.000 reduziert wurde, eine Kultur, von der wir eine Lösung für die gigantischen ökologischen Probleme unserer „Zivilisation" lernen könnten in der simplen Achtung vor dem Leben; einer Achtung, die Raubbau und profitgierige Zerstörung der Erde ausschließt, das Wissen um eine friedlich gemäßigte Nutzung der Ressourcen zum Wohle aller Lebewesen miteinschließt.

Das Zentrum Ihrer/meiner Reise an den Amazonas – die Begegnung mit Vertretern der Indiokulturen – ja, es ist an der Zeit, auszusteigen aus dem Bericht, die Einleitung abzubrechen, die Verführung im Raum stehen zu lassen, jetzt, wo wir endlich gelandet sind – in Amazonien, im Regenwald. Jetzt, wo die Reise endlich beginnt, durch Amazonien. Und den Regenwald. Durch einen der faszinierendsten Kultur- und Naturräume der Erde. Lassen wir uns verführen, entführen von jenen, die am besten dazu befähigt sind!

Karibik

Mexiko-Yukatan

Antigua

Guadeloupe

Dominica

Schlange im Paradies

Regenwolken über dem Regengott. Tropische Gewitterwolken über der liegenden Statue des *Chac Mool*. Kraft des Wassers. *Chac*. Regenbringer. Vor dem „Tempel der Krieger". In *Chichén Itzá*. „Brunnen der Itzá". *Tolteken*. Kriegerischer Stamm unter *Kukulkán*. *Quetzalcoatl*. Mexiko. *Yukatan*. Ungefähr 200 Kilometer von der Küste entfernt. Karibikküste. Karibisches Meer. Turmalin-Smaragd-Türkis-Tropenblau. Tropenwarm und verführerisch. Das Meer. Nicht unbedingt die Küste – die Strände von *Cancún,* der künstlichen, Beton-durchsetzten Ferien-Hochburg nordamerikanischer Badetouristen. Die sterilen Hotelburgen und Einkaufszentren und Massentourismus-Einrichtungen. Denen Sie soeben entflohen sind. In den dichten Buschwald *Yukatans*. Ins Reich der „gefiederten Schlange", zur Pyramide des *Kukulkán*. In deren Plattformen, Treppenzahlen und mythischen Schlangenköpfen das kosmische Wissen der *Maya* symbolisiert, verborgen liegt, das hochentwickelte Wissen präkolumbianischer Astronomie. Entflohen zum Tempel des Kriegers, auf dessen Plattform *Chac Mool* ruht, Opferträger, von französischen Archäologen fälschlich, wenngleich nachhaltig mit *Chac,* der Kraft des Wassers gleichgesetzt. Die liegende Figur mit dem verfremdet seitwärts gewandten Kopf und der Opferschale auf dem Bauch. Unter dunklen Regenwolken, Tropenwolken, die Ihren/meinen

Rückflug in der kleinen klapprigen Propellermaschine zu den Turmalin-Smaragd-Türkis-Tropenblauen Wellen der Küste – nicht *Cancún,* sondern *Tulum* – ordentlich durcheinanderschaukeln, -rütteln, -beuteln werden. Nachdem Sie Ihre Blicke ausgiebig über blühende Flamboyantbäume und Chichén Itzá-Buschwald, über Pyramiden, Säulenhalle und Observatorium – über die grauweißen Steinmonumente der hochentwickelten Kultur der *Maya* im tiefgrünen Dschungel wandern, laufen, ruhen ließen. Lassen.

Eine Reise in die Karibik irgendwo im Buschwald vor alten, auf alten Mayaruinen beginnen? Wo doch die karibische Ankündigung der Ihnen vorliegenden Reiseentführung weiße Strände, heiße Reggae-Rhythmen und tropische „sundowner"-Sonnenuntergangs-Cocktails vor karibischem Meer unter karibischer Palme, möglicherweise sogar unter weißem Segel auf karibischem Segelboot verheißen könnte. Sollte. Irgendwo auf *San Lucia* oder *Grenada,* vor *Barbados* oder *Tobago.* Bei weitem reizvoller und ursprünglicher als das zerbaute, verbaute *Cancún,* somit um einiges besser geeignet für den Start zu einer karibischen ReiseVerführung.

Womit ich Ihnen wie immer, wie so oft – womit ich Ihnen also ausnahmsweise recht geben muß. In diesem einen Punkt. Cancún-Punkt. Ihnen jedoch gleich den Grund, die beiden Gründe für den von mir gewählten, von mir auserwählten karibischen Reisebeginn, Beginn einer Reise durch die außergewöhnliche Vielfalt der karibischen Inselwelt und Anrainerstaaten des Karibischen Meeres nennen, vor Augen führen, ans Herz legen darf. *Tulum,* einstmals „Zama" – „Stadt der Morgenröte", möglichst dem Namen gerecht werdend am Morgen zu besuchen, besichtigen. Und *Coba,* in dichtem Dschungel verborgen liegende Maya-Stadt. Zwei verführerische Reiseziele von äußerst unterschiedlichem Reiz, mit welchen ich bereits die künftige Fortsetzung der karibischen ReiseVerführung sacht andeuten, eindeutig vorwegnehmen darf. Großartige Strände und dichte Wälder. In *Yukatan* verfeinert durch die baulichen Überreste einer alten Hochkultur. Zum Beispiel in *Tulum.* Welches Sie am frühen Morgen besuchen, um den Touristenströmen auszuweichen, den Cancún-Touristen-Scharen zu entkommen, unter deren lautstark abgehaltenen Besichtigungs-Kommentaren unweigerlich das sanfte Meeresrauschen und die tropische Ausgrabungsstille zerrinnen, zwischen Lautsprechern und einander übertönenden Ausgrabungs-Führern verklingen.

Tulum. Sie stehen auf dem Hügel vor dem alten Zeremonialzentrum direkt über dem Meer. Unter Ihnen eine Bucht, weißer Sand, Palmen, das in sanften Wellen anrollende, türkisblaue, lagunengrüne, karibische Meer, über Ihnen sanftblauer Himmel, mit kleinen Tropenwölkchen durchsetzt. Neben Ihnen, vor Ihnen die beeindruckenden alten Mayatempel mit Schlangen-geschmückten Eingangssäulen, Wandmalereien, kunstvollen Friesen und vom Himmel stürzenden Göttern, Götterdarstellungen. Von der karibischen Morgensonne zu neuem Leben erweckt. Die Steine und Friese der Götter. Das leuchtende karibische Meer, die weißen, menschenleeren Strände im Süden von *Tulum.* Das Naturreservat von *Xel-Ha,* wenige Kilometer weiter nördlich, in dessen Lagunen Sie nach ausgiebiger Tempel- und Palastbesichtigung eintauchen in die tropische Unterwasserwelt *Yukatans,* zwischen unzähligen bunten Fischen schwimmend, schnorchelnd Ihr Mißtrauen ablegen, mir meinen Buschland-Regenwolken-Karibikstart vergeben. Nach *Coba* weiterreisen, um neuerlich, sehr willentlich dem Dschungel und den überwucherten Ruinen, nur teilweise rekonstruierten Pyramiden und Maya-Tempeln zu begegnen. In der alten Handelsstadt *Coba,* die auf quer durch den Dschungel geschlagenen Wegen direkt mit *Chitzén Itzá* verbunden war. Ihre Phantasie anregt, Ihren Entdeckergeist weckt, Sie zu archäologischen oder auch ornithologischen Höchstleistungen anspornt. Die überwachsene, vom Dschungel überdeckte, weitläufige Mayastadt. Das von mehreren im Wald verstreut liegenden Seen durchzogene Naturschutzgebiet.

Sie erklimmen die große Pyramide, klettern über nur teilweise restaurierte Stufen bis zur bröckelnden Spitze empor, legen eine dringend benötigte Atem-Erholungspause ein, bevor Sie die Landschaft vor Ihnen, den niedrigen, dichten Buschwald unter Ihnen, die Dolinen-Seen, die Gebäudegruppierungen der Stadt bewundern, erforschen, auskundschaften, sich einen Überblick verschaffen für die nun folgenden archäologischen Forschungs- und ornithologischen Entdeckungstouren durch den Dschungel. Vorerst noch unterbrochen, verzögert, aufgeschoben durch den nicht minder mühsamen Pyramiden-Abstieg über die hohen, verwitterten Stufen.

Zurückgekehrt auf schattenreiche Dschungelpfade. Die Sie durch den Wald führen. Zu Seiben und Zedern, von deren Ästen Spanisches Moos in Form grauer Bartfetzen herunterbaumelt, Ihrem scharfen Blick die Durchsicht, Aussicht auf dahinter sitzende, brütende, dösende Vögel verwehrt. Zu überwachsenen Ruinen, die Ihre Phantasie, Ihre Neugier, Ihren präkolumbianischen Entdeckergeist beflügeln. Zu schattigen Rastplätzen am Ufer der Seen, wo Ihnen die müden Folgewirkungen Ihrer Pyramidenbesteigungen bewußt werden. Unter Wolken-verhangenem Yukatanhimmel in feuchter, schwerer Tropen-Inlandluft, die Ihre Sehnsucht nach Palmen-bestandenen, weißsandigen Karibikstränden neuerlich weckt, Ihren eben erst erwachten archäologischen Forschergeist untergräbt, Ihren ornithologischen Wissensdurst über den sanften Wellen des graublauen Sees verweht.

Gelandet. Auf einem der schönsten Strände der Karibik. *Half Moon Bay.* Keine Betonburgen, keine Hotels, eine kleine Zubringerstraße, -piste, die auf einem Sandparkplatz endet. Vor Ihnen eine Bucht, karibische „Halbmond"-Bucht, die ihrem Namen gerecht wird. Einen vollendeten Halbkreis, Meereskreis, Sandkreis zieht, von Palmen und türkisgrün, lagunenblau anrollenden Wellen begrenzt. Die Bucht, der Strand. Die karibische Strandverführung. Auf der Insel der 365 Strände. In *Antigua. Leeward Islands.* Erstes verführerisches Inselziel auf unserer gemeinsamen Karibik-Entdeckungstour. Der Sie sich voll ergeben, hingeben, der Inselverführung, Strandverführung, Halfmoon-Bay-Meeresverführung. Um den ausgiebigen Strand- und Wind- und Sonnengenuß mit heißen Rhythmen zu krönen. Sich am späten Nachmittag mit Reggae-Rhythmen auf *Shirley Heights* verwöhnen. Umgeben, umflirtet, umtanzt von weiblichen und männlichen Inselbewohnern, die jeden Sonntag den Hügel erklettern, im Takt der berühmtesten Steelbands der Insel die luftige Atmosphäre von *Shirley Heights* mit vibrierenden Bewegungen verdichten, Ihre anfänglichen Tanzhemmungen sehr rasch vernichten, Sie zu ungeahnten, neuen Schrittkombinationen inspirieren, bis Sie den Reggae mit außergewöhnlichen Hüftbewegungen und Schulterverrenkungen verzieren.

Auf *Antigua.* Der ehemaligen Zuckerrohr-Insel. Auf der die Plantagen trockenem Buschland gewichen sind, der feine Antigua-Rum jedoch ungemindert eine der Hauptattraktionen der Insel darstellt.

Die Sie spätestens jetzt, im Reggaetakt der Steelband mit Blick auf die Yachten im *English Harbour*, umgeben von swingenden, wippenden, tanzenden Antigua-BewohnerInnen kennenlernen. Die karibische Rum-Attraktion. Verstärkt in ihrer Auswirkung durch den karibischen Sonnentag, Meerestag. Half-Moon-Bay-Strandtag. Der nun langsam in eine karibisch heiße Tanznacht übergleitet.

Sich in ungeahnte Rhythmen weitet. Der Tanz. Der Reggae. Der Rum. Die karibische Sternennacht.

Noch einmal. Ein letztes Mal purer Sinnengenuß. Auf unserer Weltumrundung, Welterkundung. Eine letzte Begegnung mit tropischem Klima und tropischen Blüten und tropischem Meer. Unter tropischem Himmel. Der sich über immergrüne Inseln spannt, die keinen Winter, keine Kälte, keinen harten Überlebenskampf kennen. Ihre Bewohner mit der Fülle ihrer Früchte und Fische und Anbaumöglichkeiten verwöhnen könnten, würden, gäbe es nicht auch in diesem Paradies eine Schlange, die die Schönheit, die Fülle relativiert, bedroht, irdisch macht – heftige Wirbelstürme, Hurrikans über die Inseln fegen läßt, langanhaltende Verwüstungen, Zerstörungen anrichtet. Wirbel- und Touristenstürme auf die Insel, über die Insel hetzt, die Schlange, über die ich ein paar Gedanken verlieren darf, auf daß wir – Sie und ich – nicht in einseitiger Paradieses-Blickrichtung an der Wirklichkeit der karibischen Inseln vorbeilaufen, -tanzen, -schwimmen.

Zum Beispiel in *St. John's*, Hauptstadt *Antiguas,* hinter deren bunt bemalten Holzfassaden, hinter deren lebendig buntem Markt im fröhlich bunten, karibischen Zentrum der Stadt sich ausgedehnte Slums und Armutsviertel erstrecken, zwischen Wellblech und Schlamm die zahlreichen Verlierer des großen Tourismusgeschäfts vegetieren, jener neuen Form des Kolonialismus, an der ich soeben mitwirke, Sie soeben mitwirken auf Ihrer/meiner Luxus-Genußtour durch die karibische Inselwelt;

Jener Wirbelsturm, Besucheransturm, der dazu geführt hat, daß die Überlebensstrategie der Insel auf den Tourismuseinnahmen aufgebaut, Landwirtschaft und Fischfang trotz hoher Subventionen lahmgelegt, die Inselbewohner von ihren natürlichen Erwerbsquellen entfremdet wurden.

Womit wir an einem der unangenehmsten Punkte dieser unserer gemeinsamen ReiseVerführung, weltumrundenden Reiseentführung angelangt wären. Noch dazu auf einem tropischen Inselparadies. Scheinbar paradiesisch. Die Insel. Für uns, die wir vorbeifahren an der sozialen Realität der Bewohner, Ausschau halten nach den unseren Sinnendurst befriedigenden Verführungen des Klimas, der Landschaft, des Meeres – berührt, begeistert an den einfachen Holzhäusern vorbeifahren in unseren gemieteten, Allrad-betriebenen Geländewagen, keinen Landstrich unverschont, keine Palme unbestaunt, keinen Strand unbetreten, keine Landzunge unbefahren lassen in unserer unersättlichen Gier nach Schönheit. Und fremdem Zauber. Und Genuß. Die seit Jahrhunderten mit fremden Herrschaftsstrukturen kämpfenden Bewohner der Insel in unserer Tropen-begeisterten Verzückung allzu oft als glückliche Einwohner eines der letzten Paradiese verklären, nach unserer Rückkehr ins – womöglich wintergraue – Europa den Farben und Blüten der Inseln nachweinen, mit verklärtem Blick uns der dürftig bekleideten Kinder, barfuß vor ärmlichen, bunt bemalten Wellblechhütten erinnern, nach Bonbons und Kugelschreibern gierend, die wir spätestens nach dem zweiten Tropenbesuch in ausreichenden Mengen stets in unseren Badetaschen auf unsere Ausflüge, Erkundungstouren mitnehmen, in großmütiger Spenderlaune an die uns umringenden Kinder verteilen. Wir, die Vertreter der sogenannten reichen, westlichen Welt, die wir uns die Inseln neuerlich untertan, gefügig machen durch die heiß begehrten, überlebenswichtigen Devisen.

Und uns wundern, irgendwann erstaunt aus unseren Träumen fallen, erwachen, wenn wir unvermutet der unverhohlenen Aggressivität der Inselbewohner begegnen, die irgendwann den Ausverkauf ihrer Insel nicht länger hinnehmen, den gedankenlosen Besichtigungs- und Überflutungswahn der Touristen nicht länger dulden wollen.

Zuviel der Mißtöne? Zu lange mein Exkurs? Sinnlos meine Klagen angesichts einer unabwendbaren Realität, an deren Sonnenseiten ich mich soeben erfreue, auf zahlreichen, mit Ihnen gemeinsam durchlebten Touren erfreut habe, ebenso wie all die anderen, exotische Traumziele bereisenden Touristen vor und neben und nach mir. Nun, habe ich ja von Anfang an nicht verschwiegen, daß wir um diesen Terminus nicht herumkommen werden, mögen wir uns noch so sehr darum bemühen. Werden wir immer bleiben. Touristen. Nach Möglichkeit hoffentlich wenigstens „sanfte" Touristen, die nach Möglichkeit, hoffentlich wenigstens – wenigstens! – den nötigen Respekt und die Achtung vor der Kultur und Natur des Gastlandes aufbringen. Mit viel Glück nicht direkt an der Schädigung und Zerstörung des sozialen Umfelds, der Kultur, der Landschaft mitwirken – wenngleich wir indirekt stets –

Genug. Pardon. Ja, ich weiß, daß Sie wissen. Dennoch wissen wir keine Lösung. Dennoch wünschen Sie jetzt das Thema zu wechseln. Angesichts eines jener unvergeßlichen, außergewöhnlichen, für die Karibik ganz alltäglichen, allabendlichen Sonnenuntergänge. Ein Glas *Planter's Punch* in der Hand. Im Pareo am Strand vor der Strandbar sitzend. Unter Palmen. Mit

Blick auf die Sonne. Den Cocktail mit frischen Ananasscheiben versüßt, die Antigua-Rum-Flasche neben dem Bambushocker in den Sand gegraben, um den langsam unter schmelzenden Eiswürfeln sich verdünnenden Punch zu strecken, die soeben angeklungenen, problematischen Gedanken mit süßem, gebranntem Zuckerrohrsaft zu bedecken.

Wenngleich sich der Konflikt noch verschärfen, der Genuß noch versüßen wird – auf *Guadeloupe* – französisches Staatsgebiet. Französische Antillen.

Auf der Schmetterlings-förmigen Insel, deren Überlebensstrategie aufgrund großzügiger Subventionen aus Paris zwar nicht ausschließlich auf dem Tourismusgeschäft basiert, die Wirtschaftskraft der Insel jedoch beinahe ausschließlich in den Händen der weißen Kreolen und zugewanderten Festlandfranzosen liegt. Soviel zur Verschärfung des Konflikts.

Langouste – Hummer – „à la nage", „au thermidor"; *lambi* – köstlich zubereitetes Riesenseemuschel-Fleisch, *pepperpot* und indische *Colombo-Currys* mit französischer Geschmacksvertiefung – *Sancerre* – rosé oder weiß – aus dem fernen Mutterland, Erobererland; tropische Früchte zu französischen Dessertvariationen sowie *Kir* und Rum und Kokosnußsaft und Grenadinesirup – die kreolisch-französische Versüßung des karibischen Genusses. Intensiviert durch die landschaftliche Schönheit des „Papillon" – der Schmetterlings-förmigen Insel, auf derem westlichen Flügel – *Basse Terre* – eines der schönsten Naturschutzgebiete der Karibik sich rund um den Vulkan *La Soufrière* erstreckt, Ihnen die Möglichkeit zu ausgedehnten Wanderungen durch tropische Regenwälder und nebligen Bergwald, unterbrochen von kühlen Erfrischungspausen unter tropischen Wasserfällen, bietet. Der *Parc Naturel de Guadeloupe*, in dem Sie auf baumhohe Farne und Gummibäume stoßen. Und Kapokbäume. Und vereinzelte Orchideen. Und Kolibris. Um nach der Rückkehr aus dem tropischen Bergparadies, Waldparadies, Tropengarten-Paradies fernab politischer, sozialer, kolonialer Schlangen – höchstens Geckos und Eidechsen – auf Ihrer Rückfahrt nach *Grande Terre*, in den östlichen Schmetterlingsflügel vor dem Wasserfall *Cascade aux Écrevisses* haltzumachen, dessen nach Krebsen klingende, französisch-koloniale Benennung Sie unwillkürlich an die Gaumenfreuden französisch-kreolischer Küche erinnert, Sie dazu veranlaßt, die tropische Inselhälfte möglichst rasch zu verlassen, hinter sich zu lassen, nach *Grande Terre* auf die Flügelhälfte der vielgerühmten Zuckerrohrfelder überzuwechseln, Rohstofflieferant für den nun bald Sie verzaubernden „sundowner"-*Planter's Punch*. Auf der *Plage St. Anne*. Unter Palmen auf weißem Sand am langen breiten Strand vor dem Riff-geschützten Lagunenmeer; sitzend; genießend; den Ausblick, die warme Tropenluft, das Rauschen der Palmen, die sanft Ihre Füße benetzenden warmen Wellen – den *Punch*.

Noch eine kleine, wenngleich bereits mehrfach erwähnte Anregung für Ihre karibischen Nächte, für den Fall, daß Sie nicht schon längst selbst dieser schwebenden Gewohnheit anhängen, wo immer möglich sie aufhängen – die Hängematte. Unvergleichlich, eine Karibiknacht in sanftem Meereswind unter tropischem Sternenhimmel zwischen Kokospalme und Kokospalme schaukelnd. Nicht zu vergleichen mit einer konditionierten, denaturierten Klimaanlagen-Hotelzimmer-Nacht. Der sanfte kühle Meereswind zwischen den Palmen, auf Ihrer Haut, der Gesang der Baumfrösche, der Klang der Zikaden in Ihrem Ohr …

Wenngleich Sie karibische Nächte nicht unbedingt verträumen, verschlafen müssen, sich auch unter nächtlichem Sternenhimmel unbesorgt in der Riff-geschützten Lagune auf eine besonders verführerische Himmel- und Meeresbegegnung einlassen, sich einer besonders reizvollen karibischen Mondlicht-Wellen-Badeerfahrung überlassen sollten. Können. Für den Fall, daß Sie zuvor nicht allzusehr dem süßen Zuckerrohrsaft Antiguas oder den erlesenen Weinen Frankreichs erlegen sind. Sein sollten.

Karibik. Verdrängen wir – wieder einmal – die Schlange, wenden wir uns den verführerischen Früchten zu – Ananas, Papaya, Mango, Kokosnuß – nicht nur zum Vermixen mit karibischem Rum geeignet, sondern auch pur zu genießen, zum Beispiel als Flüssigkeitsvorrat für Ihren Ausflug nach *Dominica. Windward Islands.* Ursprünglichste der Karibikinseln. Beinahe noch unberührt. Die bergige Insel mit den schwarzen Stränden und dem sehr in Grenzen gehaltenen, in Grenzen sich haltenden Tourismus.

Sie landen. Auf dem kleinen Flugplatz, gerade groß genug für eine sehr kleine Propellermaschine. Machen eine erste Orientierungstour durch die kleine Hauptstadt, besuchen den mittelgroßen, bunten Markt, schließen sich (notgedrungen) einer geführten Tour durch das wilde, schwer zugängliche Bergland der Insel an, wandern – etwas angestrengt, wenngleich äußerst beeindruckt – durch dichte Regenwälder in dichte Farnwälder zu dichten Nebelwäldern, entdecken Orchideen und Papageien, begegnen seltenen Pflanzen- und Tiergattungen, die auf den umliegenden Inseln bereits seit geraumer Zeit ausgestorben, ausgerottet sind. Oder Sie tauchen ein in die Mangrovenwälder, Mangrovensümpfe des *Indian River.* Oder Sie bleiben sitzen im schwarzen Sand am schwarzen Strand von *Portsmouth.* Oder Sie beziehen Quartier im alten Fort von *Roseau* oder mitten im Tropenwald in einem von Dschungel und Blüten überwachsenen kleinen Gästehaus. Oder Sie machen sich auf die Suche nach den letzten, allerletzten, wenngleich schon stark durchmischten, ursprünglichen Bewohnern der Inseln. *Kariben.* In ein kleines Reservat zusammengepfercht. Zurückgedrängt. Die von den weißen Eroberern als wild und kriegerisch stigmatisierten Indios. *Kariben.* In der „Carib Indian Reservation". Apathisch. Und schüchtern. Und zurückgezogen. Die allerletzten ihres Volkes.

Womit wir schon wieder unumgänglich bei der Schlange angelangt wären, welche die Kinder des Paradieses fraß, vernichtete, ausrottete, in weiterer Folge Arbeitssklaven, dunkelhäutige Menschen aus Afrika entführte, importierte, irgendwann die neuen Bewohner der alten Inseln in die Freiheit entließ, um sie dennoch nicht aus ihrem machtvollen Einflußbereich zu entlassen –

Nein, keine Sorge, bin schon am Ende, will Ihnen Ihr köstliches Mahl aus kreolisch zubereiteten Flußkrebsen nicht verleiden; besondere Inselspezialität, die Sie natürlich ausprobieren, testen, kennenlernen, genießen müssen, bevor Sie weiterhüpfen, weiterreisen, zu Ihnen noch unbekannten Inseln weiterfliegen, neuen Welten entgegenziehen, in unterschiedlich geprägte Inselkulturen tauchen;

aus der Vielfalt der Erfahrungen schließlich Ihren paradiesischen Insel-Favoriten küren, mich hoffentlich an Ihren karibischen Lieblingsstrand entführen. Nach *St. Lucia* und *Grenada. Trinidad* oder *Tobago.*

USA

Louisiana

Arizona

Utah

California

Wyoming-Idaho-Montana

New York

Native Americans, White Americans, Black Americans und der alte Traum von einer „Neuen Welt“

Bourbon Street. Sie wippen. Und nicken. Sie steppen. Und rappen. Bei Jazz und „Cajun“. Zu „Rhythm“ und „Zydeco“. In den Jazz-Bars von *New Orleans.* In den „Dance Halls“ der unpuritanischen, schwarz-französisch-spanischen Mississippi-Stadt. Eine Nacht lang. Oder zwei. Oder drei. Durchgewippt-gesteppt-genickt. Bis zum Frühstück. Im *Café du Monde. French Market.* Mit viel Kaffee und Puderzucker-bestäubtem *Beignet.* Krapfen. In *New Orleans. French Quarter.* Der französischen Altstadt mit den andalusischen, Schmiede-eisernen Balkonen und Innenhöfen und stillen Gärtchen. In Amerikas unamerikanischster Stadt. Die Sie zweifelsohne sogleich berührt, verführt zu näherer Begegnung mit der schwarzafrikanisch-europäisch-karibischen Kultur der Region. Der Kunst und Literatur. Malerei und Musik. Der Stadt. Der Sie nicht entkommen, selbst nach durchtanzten-nickten-wippten Nächten auch tagsüber nicht vorbeikommen an den Jazz-Musikern vor der *St. Louis Cathedral*, an den Straßenmusikern vor dem *Pontalba-Building* in der *St. Anne Street.*

Weder an der Musik noch an der scharf gewürzten, äußerst schmackhaften „Cajun“-Küche, die Sie auf Ihrer weiteren Reise, fortgesetzten ReiseVerführung durch die Vereinigten Staaten missen, vermissen werden, um nach langer, ausgedehnter Tour quer durch die beeindruckende nordamerikanische Natur neuerlich bei den indianisch-karibisch-spanisch-französisch-afrikanischen Genüssen von „Jambalaya“ und „Gumbo“, pikantem Meeresfrüchte-Risotto und indianisch-schwarzafrikanisch verwandelter *Bouillabaisse* in *Harlem, New York* zu landen. Der ebenfalls unamerikanischen – oder aber amerikanischsten Stadt der Staaten. Je nach Blickwinkel. Auf die Weltstadt. Stadt der Städte. Die ganze Welt in sich vereinende Stadt.

Pardon, verfrühte Überlegungen und unzeitgemäße Vorwegnahmen. Sind Sie doch noch in *New Orleans*. Soeben auf Tour durch *Louisiana*. Etwas übernächtig, Jazz-ermüdet, „Rhythm“-erschöpft unterwegs zu den Wind-verwehten Plantagen – einstmals Zuckerrohr – und herrschaftlichen Herrenhäusern aus der Zeit vor dem Bürgerkrieg. Griechische Säulen und luxuriöse Salons, auf dem Rücken schwarzer Sklaven errichtet, mit der Arbeit versklavter Menschen erbaut. Die Sie über eine breite Allee aus mächtigen, uralten Eichen erreichen. Die Säulenarkaden, das großzügige Herrenhaus, das der Besitzer für den „Plantagen-Tourismus“ geöffnet hat, glorreiche Geschichten seiner glorreichen Vorfahren aus der „Goldenen Zeit“, dunklen Sklavenzeit vor dem Bürgerkrieg den zahlreichen amerikanischen und wenigen nicht-amerikanischen Besuchern erzählt. Wenngleich Sie übernächtig und müde den anekdotenreichen Ausführungen, einseitigen Blickverengungen zu entkommen trachten, sich niederlassen im alten Schaukelstuhl auf der breiten gedeckten Veranda, dem müden, ermüdenden Gesang des alten andalusischen Brunnens im Patio lauschen, ein kleines Nickerchen machen, um den durchwippt-durchtanzt-vernickten Nachtschlaf wettzumachen – bis der alte Plantagenbesitzer Sie wiederentdeckt, Sie ins Haus zurückverschleppt, um Ihnen und den weniger unaufmerksamen amerikanischen Plantagenbesuchern seine Glanzstücke aus vergangenen Zeiten vorzuführen – den uralten Kronleuchter aus Frankreich – beinahe 100 Jahre alt – bewunderndes „marvellous" den amerikanischen Besuchern entlockend, den Marmortisch aus Italien, „how beautiful", die uralte, historisch antike, 200 Jahre auf dem vergoldeten Buckel tragende, verstummte Pendeluhr, „just genious".

Vereinzelte Krokodile. Nicht allzu viele. Im Sumpf. Dafür Schlangen. Und Reiher. In den *Swamps*. Im Land der Zypressensümpfe und *Bayous*, der zahlreichen kleinen Nebenflüsse und Kanäle und Seitenarme des *Mississippi* westlich von *New Orleans*. In die Sie eindringen, hineinfahren mit einem kleinen Boot, begleitet von einem Natur-kundigen Swamp-Bewohner. Der Sie durch Schilf und moosbewachsene Bäume manövriert. Spanisch. Das Moos. Hatten wir schon. Spanisches Moos. In Mexiko, *Coba*. Der Buschwald. Graue Bartfetzen, die Ihnen die Sicht auf tropische Vögel verstellten, Ihnen in den *Swamps* von *Louisiana* den Ausblick auf subtropische Blüten verhängen. Nicht jedoch den Anblick der Alligatoren bedrängen. Grau und träge im grauen Uferschlamm unter überfluteten Bäumen dösend, deren Äste ins trübe Wasser ragen, Brücken schlagen, Ausflugsziele für kleine Wasserschildkröten, Flügeltrocken-Plätze und Aussichtswarten für große Silberreiher und zahlreiche Wasservögel bieten. Die Astbrücken und Baumwipfel über der bizarren Wasserwelt, Sumpflandschaft von *Acadiana. Louisiana. Swamps.*

Feuchte Naturerlebnisse, mit denen Sie Ihre Streifzüge durch *New Orleans* – durch den weitläufigen *Garden District* oder das Ihnen von nächtlichen Touren bereits sehr vertraute *French Quarter* unterbrechen. Bevor Sie sich einschiffen, an Bord eines Mississippi-Frachtkahns nach *Memphis, Nashville* oder *Cincinnati* aufbrechen. Auf Ihrem schwimmenden Mississippi-Hotel. Oder aber den großen Strom hinter sich lassen, westwärts reisen, mir in die Wüste folgen. Arizona-Wüste. Ja, ich weiß, kenne, erahne die in eben diesem Augenblick über Ihre Denkerstirn huschenden wüsten Gedanken, dennoch wenden Sie sich vom Mississippi ab und der Wüste zu. Reisen nach *Arizona*. Indianerland. Ins ehemalige Land der *Anasazi, Hopi* und *Navajo*. Zu den Regenbogen-farbenen Wüstenfelsen der *Painted Desert*, den monumentalen Steinformationen des *Monument Valley. Navajo-Indian-Reservation.* „Native Americans“ genannt. In den USA. Die ehemaligen, enteigneten Besitzer des Landes. Indianer.

Sie wollen die Wüste kennenlernen, abseits der Piste Navajoland erkunden, zwischen den Steinzinnen, Natur-gemeißelten Steinnadeln, den mächtigen roten Steinwänden, die aus dem roten Sand in den tiefhängenden Himmel ragen, das Naturverständnis eines *Native American* erfahren. Erfassen. In geführter Begleitung. Begleitender Führung. Damit Sie nicht an der Wirklichkeit der bizarren Steine, der beeindruckenden Wüste vorbeilaufen. Am spirituellen Hintergrund der Felsen, Schluchten und verborgenen Quellen des *Monument Valley* vorbeiblicken.

Blickwechsel. Er Sie. Sie Ihn. Kurzer Handschlag, wobei er sanft das Energiezentrum in der Mitte Ihrer Handfläche berührt. Und losgeht. Mitten hinein. In die Wüste. Der *Navajo* mit den dunklen Augen, dem langen, offenen, grauen Haar, an den Schläfen rot gefärbt. Mit Jeans und weitem Hemd bekleidet. Amerikanischer Staatsbürger, in neu erwachendem

Selbstbewußtsein die spirituellen Traditionen seines Volkes hochhaltend, der *Navajo,* Vertreter der „Navajo-Nation", der von den *Native Americans* selbstbewußt deklarierten Nation innerhalb des amerikanischen Staates; Native American-Fremdenführer, der in jedem Stein, hinter jeder Pflanze, in jeder Blüte – die Sie im übrigen ohne Ihren indianischen Begleiter niemals zwischen Wüste und Wüste entdecken, vermuten würden – das Prinzip des Lebens, den Geist des Schöpfers sieht, erkennt. Achtet. Ihnen einen vorsichtigen Einblick gewährt in indianisches Wissen um die Energien der Natur, des Bodens, der Sonne, des Himmels, der Erde. Der scheinbar toten, sehr lebendigen Wüste, die Jahrhunderte-lang sein Volk ernährte. Sie mit wenigen Sätzen, in kurzen Andeutungen die Tiefe der kosmischen Visionen, der visionären Erkenntnisse einer Kultur erahnen läßt, die Jahrtausende in engster Abhängigkeit von, in beeindruckendem Einklang mit der Natur gelebt, überlebt hat, Bescheid wußte, Bescheid weiß um die Zerbrechlichkeit, die komplexe Ordnung des Lebens, der Harmonie, des Gleichgewichts. In der Wüste. Spirituelles Land. Ausdruck geistiger Wirklichkeit. Ebenso wie Flüsse und Wiesen und Berge. Lebendig, von zahlreichen Energien durchströmt. Die Wüste. Der Himmel. Die rote schroffe Felsspitze, die sich in den langsam verfärbenden, tiefhängenden Himmel bohrt, die rote Nadel unter den flammenden Wolken, die Ihnen einen Vorgeschmack gibt auf die Sie erwartenden Naturwunder, Felswunder in den Canyon-Nationalparks, *Bryce Canyon* und *Grand Canyon*, denen Sie mit geschärften Sinnen und Übersinnen begegnen nach Ihrer indianischen Einführung in das Wesen der Energien, die Entsprechung von Innen und Außen, die Gesetze des Ausgleichs, die überlebensnotwendige Harmonie zwischen Mensch und Natur.

Bryce Canyon. Sie lassen sich inspirieren. Am *Inspiration Point.* Von den roten Steinspitzen, den rötlichen Steinwäldern, den grünen Nadelbäumen vor roten Felswänden, spitz in den tiefhängenden, übermächtigen Himmel ragend; steigen hinunter zu den zerklüfteten Zinnen, den bizarren Sandstein-Schlössern, die Sie auf sandigen Pfaden durchwandern, fühlen sich erinnert an mächtige Sandsteinkathedralen, *Gaudí*-Kathedralen, katalanische „Sagrada Familia"-Vorgaben an der Abbruchkante des *Bryce Canyon*; der Sie einige Tage gefangen, verzaubert hält mit seinen unerschöpflichen *Hoodoos,* Steinfiguren, Sie in die Schlucht lockt, zu ausgedehnten Wanderungen entführt, Sie zur intensiven Begegnung mit den bizarren Formen und leuchtenden Farben des *Bryce-Amphitheaters,* der *Silent City*, den ovalen, runden, dreieckigen Himmel-Fenstern der obersten Zinnenreihe verführt. In zartem Morgenpastell, in warmem Spätsonnen-Orange unter rotglühendem Sonnenuntergangs-Himmel leuchtend, die Felsnadeln unter den spitzen, zinnenförmigen Wolkentürmen, die die letzten Strahlen über dem Steinwald des *Bryce Canyon* verschlucken, aufspalten, reflektieren.

Wolken. In langen, dünnen Streifen über den Ebenen der Wüste liegend, in spitzen Nadeln über dem Bryce-Amphitheater sich türmend, in mächtigen Ballen auf dem Plateau des *Grand Canyon* lastend. Die dunklen Regenwolken, die einen Teil der mächtigen Schlucht des *Grand Canyon-National-Park* in tiefes Blau tauchen, während sich auf der Regen-abgewandten Seite die Farben in mattem Orange und Gelb unter leuchtendem Regenbogen verdichten. Der sich über den Canyon spannt. Den *Colorado River* überspannt, der seit Millionen Jahren seinen Weg durch die Schlucht gräbt, bahnt, der „gefärbte Fluß"; Ihnen eine Reise durch die Gesteinsschichten der Erde, zu den zwei Milliarden Jahre alten Graniten und Schiefern am Fuße des Canyons, zu den darüberliegenden, in Stein eingeschlossenen Fossilien aus jüngeren, längst vergangenen Erdepochen ermöglicht. Oder Sie zu einer Wanderung durch die unterschiedlichen Temperaturzonen der Schlucht, von den kühleren Rändern zu den Hitze-reichen Pfaden, Hitze-abstrahlenden Steinwänden der Canyon-Sohle lockt. Von wo Sie, ausgerüstet mit Mut und leistungsfähiger Schwimmweste, in ein Schlauchboot überwechseln können, das Sie an zahlreichen Quellen, Wasserfällen und grünen Oasen am Ufer des Flusses vorbeiführt, -schleudert, -wirft, Ihre Ruhe ins Strudeln geraten läßt bei der Durchquerung der 150 Stromschnellen, die es auf der ausgedehnten Fahrt zu überwinden gilt, zwei davon mit höchstem Schwierigkeitsgrad. Die wirbelnden Schnellen. Weswegen ich mich lieber auf den Rücken eines Maultiers setze, Ihnen gute Wasserreise wünschen darf und mir möglichst schwindelfreies Ankommen auf der Sohle des Canyons.

Genug der Abenteuer, zurück auf's *Süd-Rim*, Schluchtrand, zu den Erdhörnchen und auf Warnschilder gebannten, rosaroten Klapperschlangen, mit abendlich-gefärbtem Blick auf die Regenbogenfarben der blau-grün-rot-violett leuchtenden gigantischen Schlucht, bevor Sie den trockenen Canyon-Landschaften den Rücken kehren, zu den Wasserfällen, den dichten Laub- und üppig grünen Kieferwäldern des *Yosemite-National-Park* weiterreisen, zu den spitzgezackten, schneebedeckten *Rocky-Mountain*-Gipfeln, den klaren Seen und bunten Wildblumen des *Grand Teton-National-Park* vordringen, die Geysire und Sinterterrassen des *Yellowstone-Nationalpark* aufsuchen. Sich auf Entdeckungstour durch Wälder und Seenlandschaften begeben, nach Hirschen und Elchen, Bisons und Adlern Ausschau halten, sich womöglich/höchst unwahrscheinlich gar auf die Suche nach Pumas und Schwarzbären machen, auf Ihrer/meiner unersättlichen Tour durch die beeindruckenden, den Eindruck von Unberührtheit vermittelnden Landschaften nordamerikanischer Natur.

Blickwechsel. Er Sie. Sie ihn. Er senkt den Kopf. Sie recken den Hals. Er nascht vom feuchten Gras. Sie stellen den Motor ab, überlegen, wie Sie ihn möglichst nahe vor die Linse bekommen, möglichst unauffällig aus dem Auto kommen, sich möglichst unverdächtig an ihn heranpirschen. An den mächtigen Elch, der da wenige Meter neben der Straße genüßlich am feuchten Gras zupft, sich nur sehr peripher für Sie zu interessieren scheint, weswegen Sie vorschnell sich in Sicherheit wiegend Ihren Wagen verlassen, sich vorschnell in optimale Fotografier-Position begeben, vorschnell mit einem gelungenen Elch-Portrait in freier *Yellowstone-National-Park*-Wildbahn rechnen – und ein Elch-Rückenansichts-Foto schießen, ein allerletztes Elch-Flanken-Foto erhaschen, zwischen Kiefer und Kiefer ein braunes Elchfell-Fleckchen auf Ihrem Foto erkennen werden, das Ihnen stets Ihr Elch-Mißgeschick vor Augen halten wird. Ebenso wie die Nicht-Fotografien von unauffindbaren Pumas und hoffentlich fernen Grizzly-Bären. Dafür ein Adler. Etwas bedeckt. Über dem *Grand Canyon* des *Yellowstone-Parks*. Sehr majestätisch exakt über dem Wasserfall gleitend, zum Zeitpunkt Ihres Abdrucks elegant hinter dem Baumwipfel vor Ihrem dritten – indisch-erwachten Auge verweilend, der Adler, der Ihre Wildtier-Beobachtungslust endgültig weckt, Sie künftig äußerst wachsam und umsichtig und vorsichtig durch den Park streifen läßt, Sie frühmorgendlich, allabendlich zu den Wasserstellen führt, Sie auf weidende Bisons und vereinzelte Wapiti-Hirsche stoßen läßt. Mit geschärfter Wachsamkeit, Aufmerksamkeit, Angepaßtheit an die freie Nationalpark-Natur.

Vertiefte Wachsamkeit, die Ihnen zugutekommen, nützlich sein wird auf Ihrer nun folgenden Nationalpark-Tour, für Ihren nun erfolgenden „Skyscraper National Park“-Aufenthalt, Ihre Weltreise, Welterkundung im „Wolkenkratzer-Nationalpark“ *New York.* Letzte Station unserer nordamerikanischen ReiseVerführung in den ausgedehnten Dörfern der großen, vibrierenden, faszinierenden, in ihrer sozialen Brutalität schockierenden Stadt. *New York.*

Sie holen Luft, Wind-zerzauste Atlantikluft, die über die Geldpaläste *Manhattans,* über löchrige Straßen, uralte *Yellow-Cabs* und Mülltonnen fegt, in der Hauptstadt des Geldes, des Entertainments, des sozialen Elends. In der Weltstadt der 170 unterschiedlichen Ethnien, nebeneinander lebend, in ihren eigenen Dörfern, Ghettos *New York* belebend, in angeblich egalitärer Gesellschaft die tägliche Problematik ethnischer Ungleichheit erlebend.

Wo beginnen? Auf den Wellen des Sturm-zerzausten Atlantik vom Meer aus sich *Manhattan* nähern, auf der *Staten-Island-Ferry* den Blick von der Freiheitsstatue ab- und der Skyscraper-Skyline zuwendend?

Oder von oben – von der Spitze des *Empire State Building* oder des *World Trade Center* sich einen ersten Überblick über die Himmel-nahe faszinierende Architektur verschaffen? Oder auch mit einem Rundgang durch die Dörfer, Städte der Stadt beginnen, Boden-nah mit häufig nach oben gewandtem Blick, womit Sie sogleich als Tourist erkenntlich sind, erkannt werden, für den unwahrscheinlichen Fall, daß irgendjemand von Ihnen Notiz nehmen sollte. Auf Ihrem Weg durch *Manhattan.* Startpunkt *Times Square*, „Theater District“, wo Sie sich noch kalte Füße holen werden. Oder einem Hitzschlag entgegenstehen, je nach Jahreszeit, je nach *On-Broadway/Off-Broadway-*

Produktion. Nach deren Eintrittskarten Sie verlangen, sich in die lange Schlange reihen, eine gute Stunde oder zwei vor dem *Ticket Office* verweilen. Werden. Später, viel später. Nach Ihrem ersten Rundgang, Streifzug durch *New York, Fifth Avenue*. Und *East Village*. Dem jüdisch-polnisch-russischen Dorf. In dem Sie zunehmend Indern begegnen. Bevor Sie nach *Chinatown* weiterschlendern, in *Little Italy* eine ausgedehnte Cappuccino-Pause einlegen. Nach *SoHo* überwechseln. „South of Houston Street". Sich nicht gleich entscheiden können zwischen einem peruanischen Hühnchen in original-originell eingerichtetem Andenlokal, einem malaysischen Reisgericht vor üppig bewachsenem Restaurant-Wasserfall oder einem argentinischen Steak im angrenzenden Tangolokal. Womit ich Sie ganz heimlich und höchst offiziell in den von mir als besonders verführerisch empfundenen Stadtteil *New Yorks* entführt habe, zu den zahlreichen Galerien, den zu Künstlerlofts umgebauten alten Lagerhallen, den internationalen Restaurants und originellen Bars und Designgeschäften von *SoHo*. Wo Sie auch Quartier beziehen können. Zwischen Künstlern und Galerien in einem Galerien-reichen, künstlerischen DesignHotel.

Kein *Times Square*, keine Leuchtreklamen, keine Geldpaläste, dafür jede Menge Kunst und kosmopolitisches Flair und Design und …

Genug der Beeinflussung, Sie wollen weiter, haben Ihr peruanisches Hühnchen verzehrt, die Ausstellung eines japanischen Künstlers in der angrenzenden Galerie besichtigt, bestaunt – sowohl die ausgestellten Werke als auch die Dimensionen der Galerie, schlendern weiter nach *Greenwich Village*, drehen eine Runde durch das unkonventionelle, originelle Dorf in der Stadt, machen einen verfrühten Halt vor einem der berühmtesten Jazzlokale des Viertels – *New Yorks* – Amerikas, dem *Blue Note*, das seine Türen erst am späten Abend öffnen, Sie zurück nach *New Orleans* entführen wird, zu den vibrierenden Klängen und rauchigen Gesängen afrikanisch-amerikanischer Musik.

Afrika in *New York. Harlem.* Eher nur am Rande zu besuchen, besichtigen, zwischen 125th und 126th Straße vorzugsweise in einem jener *Soul-Food, Cajun-Food* Restaurants, denen Sie seit Ihrem Abschied von *New Orleans* nachtrauern, um nun, am Rande von *New Yorks* verslumtem, verarmtem, berüchtigtem, schwarzem Zentrum noch einmal durch Afrika und die Karibik zu reisen, im „Studio Museum in Harlem", in der Abessinischen Kirche, vor den exotischen Gemüse- und Obstläden der 125. Straße. Oder bei „Silvia's". Im berühmtesten Soul-Food-Lokal der Stadt.

Weltreise durch *New York*, in *New York*. Die Welt in einer Stadt. Wenngleich Sie sich nun dem „weißen" Amerika zuwenden können, sich endlich die besagten kalten Füße oder heißen Schläfen holen sollten im „Theater District" auf der 47th Street im täglichen Kampf um die verbilligten Tickets in den letzten Stunden vor der Aufführung; oder aber auf mühsame Einsparungen verzichten, Ihr geschrumpftes Reisebudget endgültig vernichten, zum Normalpreis gleich für mehrere Produktionen Karten erstehen, um sich weitere Schlangen, ungewisses Ticket-Bangen zu ersparen für Ihre Variations-reichen Musical/Theater-Abende. Auf den großen *Broadway*-Bühnen. In den kleinen *Off-Broadway*-Theatern. Ihre/unsere gemeinsamen Pariser Theater-Experimente, *Peter-Brook*-Inszenierungen ins Gegenteil gekehrt erfahren, anstelle der Reduktion des Bühnenbildes zugunsten der Bildkraft des Inhalts die größtmögliche Konzentration auf aufwendig gestaltete Bühnenausstattung erleben. In den teuren Musical-Produktionen mit den zahlreichen „special-effects" und „special-gags".

Bliebe natürlich noch die *Carnegie Hall* oder auch die *Metropolitan Opera* für ausgiebigen Kunstgenuß zu erwähnen, für den Fall, daß Ihr Reisebudget über unbegrenzte Möglichkeiten verfügt, Sie daher in der *Rainbow-Bar* im *Rockefeller Center* mit Blick über das Lichter-funkelnde *Manhattan* nach gelungenem Theatergenuß neuerlich im New Yorker Kunstanzeiger blättern, zwischen Cocktail und pikanten Häppchen von der einzigartigen Akkustik der *Carnegie Hall* träumen, dabei den Blick auf die dunklen, von zahlreichen Obdachlosen bevölkerten Straßen verabsäumen.

Verführungen in *New York*. Blieben ganz unerläßlich noch die Bildende Kunst, die beeindruckenden Museen der Museums-Meile zu nennen, die Sie natürlich längst kennen, „Modern Art" und „Guggenheim" und „Metropolitan", die zahlreichen wechselnden Ausstellungen und Kunstmessen und – . Und. Werden Sie an kein Ende kommen. Nie zu Ende kommen. In *New York,* der Stadt der Städte, zahlreichen Dörfer. Mit der vibrierenden Dynamik der unterschiedlichen Ethnien, der schockierenden Brutalität sozialer Gleichgültigkeit, dem faszinierenden Spiel mit dem uneingeschränkten Individualismus, der abstoßenden Härte des beinharten Egoismus.

New York. Zerzauste Wolken über zerzaustem Fluß. Sie machen halt Legen eine Pause ein. Auf der *Brooklyn Bridge*. Mit Blick auf die zerklüfteten Wolkentürme, Häusertürme der Stadt, mit Blick auf die „Insel der Hügel" – „Mana Hatta", die den *Native Americans*, unerfahren in der Bedeutung europäischer Eigentumsbegriffe, von einem Holländer für 24 Dollar „abgekauft" wurde. Machen Sie halt, blicken auf Hochhäuser und Möwen und Wellen und zerzauste Atlantikwolken und träumen. Träumen den alten amerikanischen Traum von

Freiheit und unbegrenzten Möglichkeiten; einen neuen amerikanischen Traum von einer neuen amerikanischen Wirklichkeit – mit Blick auf den *East River*, die Möwen, die Geldpaläste der Stadt; träumen den unzählige Male geträumten Traum von Demokratie und Gerechtigkeit; einen neuen, längst überfälligen Traum von selbstbestimmten, rechtlich anerkannten „Indian Nations"; träumen, den inneren Blick nach *Harlem* gewandt, nach *New Orleans* oder zu den Jazzclubs der Stadt vielleicht sogar den Traum eines neuen amerikanischen Selbstverständnisses, von künftigen amerikanischen Präsidenten – PräsidentInnen, nach Möglichkeit schwarz.

England

London

Ein Sommernachtstraum

Weiße Kreidefelsen, sanfte grüne Hügel, subtropisch anmutende, Golfstrom-genährte Wolkenfetzen; graue Backsteinhäuser, dunkelrote Backsteinhäuser, braune Backsteinhäuser. Etwas düster, mäßig hell, die Ausfahrtsstraßen, Einfahrtsstraßen nach *London*. Mäßig hell. Die Häuser, Straßenzüge im Zentrum der Stadt. Ausgangspunkt für die letzte Station der Ihnen vorliegenden ReiseVerführung auf unserer gemeinsamen Weltumrundung, Welterkundung. In Ausschnitten. Teilaspekten. Ausgewählten Ein- und Überblicken. Die gemeinsame Erkundung, Umrundung. Der nun folgende Einblick, Ausblick auf die weißen lichten Kreidefelsen der Küste, die sanften grünen Hügel, die etwas düster anmutende Stadt. Auf den ersten Blick. Trotz englischer Rosenmuster auf den Tapeten, indisch-inspirierter, tropischer Pflanzenmuster und Elephantenrüssel und spielender Äffchen auf grünrankenden Bambus-Vorhängen. In den literarischen Hotels von *Bloomsbury,* im kolonial angehauchten *Tea-Room* Ihres nahe *Covent Garden* gelegenen Hotels, in dem Sie sich gerade rechtzeitig zur Teestunde einfinden, „Fingersandwiches" und äußerst „stuffy" Rosinenbrötchen zu sich nehmen. In *London*. Europa. Rückkehr auf den „Alten" Kontinent, Ausgangspunkt, Endpunkt für die hinter Ihnen, hinter mir liegende, stets neu zu beginnende, niemals zu beendende Weltentour. Wenngleich, obwohl, pardon, bin mir der möglichen Begriffsverwirrung, Ansichten-Verirrung bewußt angesichts britischer Europa-Interpretationen, welche nicht-britische Europäer noch immer unter dem Sammelbegriff „Overseas“ zusammenfassen, somit also „jenseits des Meeres“, dem Inselreich nicht angehörig, offensichtlich auf einem anderen Kontinent lebend betrachten. Die Briten die restlichen Europäer. Welche sich – somit möglicherweise auch Sie und ich – von solch unbedeutenden, zu vernachlässigenden Auffassungsunterschieden nicht verwirren lassen, die auf der Zunge unaufhörlich sich mehrenden, nur mit viel Tee zu verzehrenden „stuffy“ Rosinenbrötchen hinunterwürgen und sich auf die zu raschem Erfolg führende Suche nach dem lebendigen, modernen, europäischen *London* begeben.

Warum ich eine ziemlich nördlich gelegene Stadt als Endstation unserer höchst sonnigen Weltumrundung erwähle? Nicht nach *Athen, Olympia, Knossos, Heraklion* den stimmigen europäischen Ausklang unserer Weltumrundung verlege? Hat einen tieferen, nicht unbedingt geographischen, vielmehr literarischen, höchst träumerischen Hintergrund. Welcher sich eben in absolut stilgerechtem, historisch echtem, unverfälschtem Ambiente nur in *London,* genauer *Southbank,* genauer –

Nein. Noch nicht. Bleiben wir realistisch. Anfangs noch sehr abstrakt. Äußerst schick gestylt. „design-t“. Im *Design Museum.* „Blue Print Café“. Mit Blick auf die *Tower Bridge.* Durch weite Glasfronten. Zwischen gelben Gerbera-Blütensonnen und französisch marinierten Artischocken. Und den Gaumenfreuden der „Modern British Cuisine“. Welche sich dadurch auszeichnet, vorrangig mediterran und französisch beeinflußt zu sein, die Speisefolge ebenso wie der Wein. Auch kalifornisch. Zuweilen sogar asiatisch. Die Zubereitung der Gerichte. Mit Sicherheit jedoch nicht traditionell „British“. Weder deftig noch heftig im Magen liegend, den Gaumen verbiegend.

Wenngleich ich nicht verabsäumen darf, verabsäumen will, Sie auch in einen traditionellen englischen, irischen *Pub* zu entführen, Sie zu *Ale* und Chips-gerüstetem Fisch zu verführen. Zwischen eifrig diskutierenden, heftig parlierenden Londonern. Beispielsweise nahe dem noch unausgesprochenen, uns noch ereilenden, eigentlichen Reiseziel, Abschlußziel dieser unserer ReiseVerführung. Ausgangspunkt, Startpunkt für eine neuerliche Welterkundung, Phantasie- und Geisteswelten-Umrundung. An der *Southbank,* Themse-Ufer. Nicht der *Pub,* wenngleich sehr alt und sehr historisch, beinahe schon literarisch, die alten Holzbänke, die alte Holztheke, an der auch er, der große Dichter, der tiefsinnige Denker und Visionär höchst persönlich sein *Ale* getrunken haben soll – *Shakespeare* – der eigentl…

und schon ist's passiert, aus der Verschwiegenheit gerutscht, über die Tasten gehuscht – der Dichter. zu früh. zu spät. viel später. schon spät.

Sandwich und *Ale*. In *West End*. Nicht *Southbank*. Noch nicht. Auf dem Weg zur *Abbey. Westminster*.

Nein, nicht wegen der zahlreichen, kostbar geschmückten, mit Gedenktafeln und Hymnen bestückten Königs- und Soldatengräber des traditionsreich militärischen Inselstaates, nicht einmal unbedingt wegen der weniger zahlreichen, bei weitem nicht so aufwendig geschmückten, bei weitem nicht so herausgeputzten Literatengräber von *John Keats* und *Lord Byron* und *Charles Dickens* und natürlich auch der Gedenktafel für den in *Stratford-upon-Avon* begraben liegenden, rund um die Welt lebendig gebliebenen, englischen Dichterfürsten – –

nicht einmal wegen der großartigen Glasfenster, der beeindruckenden gotischen Architektur der den englischen Königen „unterstehenden", weltlich verpolitisierten *Abbey,* nein vielmehr wegen der beiden mächtigen Platanen vor der Außenfassade, direkt hinter/vor dem „Poet's Corner", Literaten-Todeseck. Die Jahrhunderte-alten, riesigen Bäume, die den kleinen Park hinter der *Abbey* mit ihren mächtigen Zweigen beschatten, berauschen; rauschend. Die Platanen. Das alte, sehr vertraut wirkende Baumehepaar. An milden Frühsommerabenden von vereinzelten Glühwürmchen umschwärmt, von sanftem, verschwiegenem Mondschein gewärmt – die ineinander verschlungenen Zweige, die füreinander rauschenden Blätter, die miteinander im sanften Sommerwind sich wiegenden Äste der Bäume. Stiller Treffpunkt für Verliebte, einander in lauen Mittsommer-Nächten verschwiegen umarmende, zärtlich liebkosende, leidenschaftlich begehrende Liebende. Abseits der belebten Straßen vor der strengen Fassade der *Houses of Parlament*. Die verliebten Platanen; die unter den alten, mächtigen, ineinander verschlungenen Bäumen Abgeschiedenheit, Verborgenheit suchenden Liebenden. In warmen, Glühwürmchen-durchflirrten Sommernächten.

Haben Sie aufgesucht, besucht, werden Sie bei Tageslicht noch einmal bestaunen, die Platanen, möglicherweise auch die prunkvollen Königsgräber und weniger prunkvollen Literatengräber der *Abbey*. Mit Sicherheit *Dean's Yard*, den verträumten kleinen Platz mit den schönen alten Häusern am Ausgang des von zahlreichen kriegerischen Gedenktafeln gesäumten Kreuzgangs. Der *Abbey*. Bevor Sie nach *Covent Garden* schlendern, vor den in südländischem Stil überdachten Geschäftsarkaden die frühsommerliche Sonne trinken, Straßenmusikern lauschen, alte *Beatles-Songs* und englischen Eistee schlürfen, Pantomimen beobachten, in den sanftblauen Londoner Himmel träumen. Sich von der Sonne durch die mäßig helle Stadt in einen Licht-durchfluteten Park entführen lassen, *St. James's* oder *Regent's*.

Zu englischen Rosen und indischem Bambus, englischen Enten und ägyptischem Schilf, exotischen Flamingos und europäischen Trauerweiden. Die tiefhängenden Weidenspitzen in den langgezogenen See des *St. James' Parks* tauchend.

Frühsommernachmittag in einem englischen Park. Auf einer Bank. Unter einer Platane. Mit Blick auf Rosen und Enten. Vereinzelte Pelikane. Vor Ihnen, getrennt durch den Kiesweg, ein Liebespärchen im Gras. Weswegen Sie vorläufig diskret auf der Bank sitzen geblieben sind. Neben Ihnen ein Inder. Sikh. Mit dunkelrotem Turban. In eine indische Zeitung vertieft. Weswegen Sie die Bank noch nicht gegen ein Rasenfleckchen im nötigen Diskretionsabstand zu dem Liebespärchen aufgesucht haben.

Entdeckt! Aufgedeckt! Kaum in Europa angekommen, wollen Sie schon wieder in exotische Fernen schweifen, bevorzugen als potentiellen Gesprächspartner für einen frühsommerlichen Parknachmittag den in seine Zeitung vertieften Inder, wenngleich Sie im warmen Gras ganz ungehindert mit zahlreichen Europäern ins Gespräch kommen könnten. Der Sikh blickt auf, Sie blicken zurück, der Sikh nickt Ihnen freundlich zu, Sie greifen eine soeben erhaschte Schlagzeile aus der indischen Zeitung auf. Der Sikh strahlt über's ganze Gesicht, ist er doch soeben Ihrer sanften List erlegen, Sie strahlen zurück, wird sich doch sogleich die Gelegenheit zu indisch/europäischem Gedankenaustausch ergeben. Den Sie zweifelsohne mit kundiger Indieneinleitung beginnen, um Ihr freundliches Gegenüber mit profunder Indienerfahrung zu gewinnen. Im Park. Im Frühsommer. In *London*.

Indien in *Great Britain*. Wird Sie noch öfter begleiten bei Ihren London-erkundenden Schritten. Zum Beispiel im „Victoria and Albert Museum", unweit des *Hyde Park*, wo Sie die „Nehru-Gallery of Indian Art“, indische Kunstsammlung-Ausstellung durchstreifen können – könnten – wären da nicht die sommerlichen Sonnenstrahlen und der *Hyde Park* und die blühenden Rosen und … Können. Durchstreifen werden. Um den gelungenen Spätnachmittags-Ausstellungsbesuch mit indischem *Chutney,* Apfel-Chili oder Mango-Dattel oder Tomate-Kardamom in einem der zahlreichen indischen Restaurants der Stadt zu krönen. Welches Ihnen der freundliche Sikh mit dem dunkelroten Turban auf der *St. James' Park*-Parkbank ans Herz gelegt hat – Ihnen, der Indien-erfahrenen London-Reisenden. Ihnen, dem Indien-kundigen Moghul-Kost-Speisenden. Um von Indien aus gleich auf die „WestIndies“ zu hüpfen, in *Soho,* nein, nicht *New York, London*, wenngleich dem New Yorker „Pendant“ nicht ganz unähnlich in Hinblick auf die multikulturellen Bars und Restaurants und Clubs des Viertels. Sind Sie also aus dem indischen Restaurant in die karibische Bar gehüpft, haben endlich mit Europäern, Londonern ausgiebige Gesprächsbande geknüpft, die Sie sogleich auf einer fortgesetzten Tour durch die sommerliche Nacht begleiten, Sie zu „Ronnie Scott's“ in die Welten afrikanisch-französischen Jazz' geleiten. In London. Frühsommer. *Summernight.*

Auf Tour. Durch die Welt. In einer Weltstadt. Wieder einmal. Schon wieder. Unersättlich. Sie. Und ich. Wie immer zu verführen mit den vielfältigen Kulturen des Planeten. Zusammengeflossen, zu originellen Cocktails gemixt in den großen, kulturell aktiven Städten der Welt.

Londoner Verführungen, typisch englische Verführungen? Zahlreich, wenngleich – nun gut, wie immer komme ich Ihren Wünschen nach, sogleich, wenngleich es noch eine Menge äußerst multikultureller …

Englisch, zum Beispiel *Turner, William*, in der *Tate Gallery*. Und *National Gallery*. Eine durch und durch englische Verführung. Licht-betont, emotional, mystisch. Oder – natürlich – unumgänglich – der eigentliche Grund für diese meine/Ihre Londoner ReiseVerführung, der eigentliche Anlaß für die Auswahl aus der Fülle an europäisch faszinierenden Möglichkeiten für den Abschluß, vorläufigen Endpunkt Ihrer/meiner Welterkundung, Weltumrundung. Sollte sie nun endlich ihrem Ziel zuführen, die Londoner Verführung; die verhüllenden Umwege und verzögernden Streifzüge, die in großen Bögen kreisenden, ihren Bestimmungsort umkreisenden Londontouren zusammenführen an der bereits erwähnten *Southbank*. Vor dem *Globe Theatre*. Original wiederaufgebautes, rekonstruiertes Shakespeare-Theater. Der alte Fachwerkbau am Themse-Ufer, in dem seit 1599 der Großteil der Shakespeare-Stücke aufgeführt wurde – bis das Gebäude abbrannte, wieder aufgebaut, wieder geschlossen wurde 1644. Bis zur Wiedereröffnung vor wenigen Jahren. Das *New Globe*.

Shakespeare. Im elisabethanischen Theater-Original. Freilichttheater vor runden Galerien, mit Zuschauerraum direkt vor der Bühne, von blauem, mit Tierkreiszeichen bemaltem Theaterhimmel überspannt. Ohne künstliche Beleuchtung, ohne Mikrofone, mit minimalem Bühnenbau und Kostümen, die nach alten Traditionen, alten Vorbildern genäht, gestaltet, kreiert werden.

Treten Sie ein, nehmen Sie Platz oder bleiben Sie stehen, vor der Bühne, wie zu Shakespeares Zeit. Tauchen Sie ein, tauchen Sie unter in Shakespeares zeitlos vieldeutiger Zauberwelt. Und träumen, staunen, lachen, weinen Sie mit Shakespeares Figuren und Zauberwesen; lassen Sie spielerisch Ihre vertrocknete Phantasie genesen.

„A Midsummer Night's Dream" – ein Sommernachtstraum – ein Spiel um Liebe und Verwirrung, um Kunst und Zauber und Entwirrung. Im Einfluß, unter der Magie der Kräfte der Natur. Unter offenem, freiem Theaterhimmel, Zuschauerhimmel, Sommernachts-Frühabend-Himmel.

Das Spiel von Macht und männlichem Herrschaftswahn – von *Egeus,* Vater der *Hermia,* der seine Tochter gegen ihren Willen in eine ungewollte Ehe mit *Demetrius* oder zum Eintritt ins Kloster zwingen will; Buhrufe aus dem Publikum;

von *Helena,* die unerwidert *Demetrius* liebt; von *Lysander,* der sehr erwidert *Hermia* liebt; Applaus vom Bühnenrand.

Von *Titania,* der Feenkönigin, die unfreiwillig den durch *Pucks* List in einen Esel verwandelten Handwerker liebt; von *Oberon,* dem Feenkönig, der aus Liebesärger den Verwechslungsliebeszauber initiiert, von *Puck,* dem Waldgeist, der die Zauberliebe verkehrt, von *Oberon,* der letztlich die mehrfach verschlungenen Liebesverwicklungen entwirrt, mit seinem Zauber die Liebenden zueinanderführt. Im Traum. Sommernachts-Märchen. Shakespeare-Spiel. In dem die Kräfte der Natur nach zahlreich schelmischer Verwirrung zuguterletzt die Verirrung menschlichen Willens heilen, auf sommerlich nächtlicher Waldlichtung Gestalt annehmen, in bildhaft feenhafter Form die Menschen umschwirren, betören, verwirren, bekehren. Die Liebe mehren –

„... Bei des Feuers mattem Flimmern/Geister, Elfen, stellt euch ein!/... Kommt zum besten Brautbett hin/daß es Heil durch uns gewinn'!/Das Geschlecht entsprossen dort/sei gesegnet immerfort/... Friede sei mit diesem Schloß/Und sein Herr ein Glücksgenoß! ..."

Applaus; heftig; *Oberon* und *Titania* auf der Bühne, *Puck* zum Abschied zum Publikum gebeugt am Bühnenrand; Ende der

Komödie; die letzten Worte, sie gehören den Traumgestalten, „Midsummer Night's" Naturgewalten.

Das Ende. Der Weltumrundung, Welterkundung auf elisabethanischer Theaterbühne mit den Traumgestalten, phantastischen Naturgewalten eines genialen Märchens. Shakespeare-Spiels. Der große Bogen – abgeschlossen, zu Ende geträumt. Von *Francesco*, Sänger des *Sonnengesangs,* Troubadour der Schwesterlichkeit/Brüderlichkeit mit den Lebewesen der Erde zu *Shakespeare*. Den in bunte Bilder, literarische Allegorien gefaßten Lebensenergien von Baum und Blüte, Wiese und Wald. Unter Londoner Sommernachtshimmel. „Midsummer Night's"- Mond. Der Ihren Weg über die *Docks* begleitet, Sie auf Ihrer ausgedehnten Wanderung bis zu den alten Platanen hinter der *Westminster Abbey* geleitet. Der Sommermond, sanfte Abendwind, der durch die mächtigen, alten Kronen rauscht, die Blätter umspielt, die schweren Äste zu sommerlicher Umarmung verführt, Ihre träumerisch verträumten Sinne mit sanfter Kühlung berührt; der Wind und das abendliche Gras, auf dem Sie sich niederlassen, unter den rauschenden Zweigen, unter dem stillen Sommermond, auf den weitverzweigten Platanenwurzeln vor der alten Kirche, *Westminster-Abbey, Poet's Corner*, Dichter-Eck – Glühwürmchen-umschwirrt.